Técnico Superior en Documentación y Administración Sanitarias

AF212307

Si aún no dispones de tu **Curso MAD360**, te ofrecemos un acceso GRATIS de 30 días para que disfrutes de los siguientes recursos:

- Técnicas de Memoria 360.
- MADTEST: Test comentados siempre actualizados.
- Temario en formato digital.
- Esquemas.
- Pódcast.
- Planificación de estudio.
- Foro entre opositores.
- Recursos y novedades exclusivas.
- Consulta sobre la oposición y el proceso selectivo.
- Actualizaciones trimestrales del temario.

Para acceder a esta prueba del Curso MAD360* será necesaria la compra de todos los libros para esta especialidad de la edición 2023.

Valida los códigos que encuentras en la última página de tus libros y disfruta de la experiencia MAD360. Y para adquirir tu Curso MAD360 pincha en la opción RENOVAR que encontrarás en tu panel.

Infórmate en: mad.es/registro-campus

NOTA IMPORTANTE:

* El acceso al CURSO MAD360 estará disponible desde junio de 2024 (algunos recursos podrían estar disponibles en fecha posterior). Tendrá una duración de 30 días RENOVABLES mediante pago, desde la validación de códigos.

MAD se reserva el derecho a ampliar dichas fechas.

Técnico Superior en Documentación y Administración Sanitarias

Junio, 2024

Técnico Superior en Documentación y Administración Sanitarias

Test

Autores

MARTA GONZÁLEZ CABALLERO
Directora del Módulo de Técnico Superior en Documentación Sanitaria
Diplomada en Dietética y Nutrición Humana
Docente Ciclos del Área Sanitaria y Sociosanitaria

MAGALÍ RIERA ROCA
Licenciada en Derecho

FRANCISCO JESÚS TORRES FONSECA
Licenciado en Derecho

© 7 Editores Recursos para la Cualificación Profesional y el Empleo, S.L. (7 Editores)
© Los autores
Primera edición, junio 2024 (214 páginas)
Derechos de edición reservados a favor de 7 Editores
IMPRESO EN ESPAÑA
Diseño Portada: 7 Editores
Edita: 7 Editores
Avda. San Francisco Javier, 9 · Edificio Sevilla 2 · Planta 11 · Módulos 25-27 · 41018 Sevilla
Teléfono: 954 784 411 · WEB: www.mad.es · e-mail: administracion@7editores.com
ISBN: 978-84-142-8244-1
© "Editorial Mad" y "Eduforma" son nombres comerciales registrados de
7 Editores Recursos para la Cualificación Profesional y el Empleo, S.L.

Índice

TEST N.º 1

La Constitución Española

1. ¿En qué se fundamenta la Constitución Española?

a) En un Estado social y democrático de Derecho.
b) En la indisoluble unidad de la Nación española.
c) En la independencia de los poderes del Estado.
d) En la organización territorial del Estado.

2. La Constitución Española reconoce y garantiza el derecho a la autonomía:

a) De las nacionalidades que la integran.
b) De las regiones que la integran.
c) De las Comunidades Autónomas que la integran.
d) De las nacionalidades y regiones que la integran.

3. La Constitución Española fue sancionada por:

a) El Rey.
b) El Presidente del Congreso.
c) Las Cortes Generales.
d) El Presidente del Gobierno.

4. Según la CE son fundamentos del orden político y la paz social:

a) La dignidad de la persona, los derechos violables que les son inherentes y el respeto a la ley.

b) La dignidad de la persona, el desarrollo limitado de la personalidad y el respeto a la ley.

c) El respeto a la ley, a los reglamentos administrativos y demás disposiciones legales.

d) La dignidad de la persona, los derechos inviolables que le son inherentes, el libre desarrollo de su personalidad, el respeto a la ley y a los derechos de los demás.

5. La forma política del Estado español es:

a) Democracia parlamentaria.
b) Gobierno parlamentario.
c) Monarquía parlamentaria.
d) República democrática.

6. ¿En qué parte de la Carta Magna se señalan los valores superiores del ordenamiento jurídico?

a) En el Preámbulo.
b) En el Título Preliminar.
c) En el Título I.
d) Ninguna respuesta es correcta.

7. Son el fundamento del orden político y de la paz social:

a) El libre desarrollo de la personalidad.
b) Los derechos inviolables que les son inherentes.
c) El respeto a la ley y a los derechos de los demás.
d) Todas las respuestas son correctas.

8. El principio en virtud del cual un Reglamento no puede contradecir una ley es el de:

a) Legalidad.
b) Jerarquía normativa.
c) Las respuestas a) y b) son correctas.
d) Seguridad jurídica.

9. La derogación de una norma posconstitucional que vaya en contra de la Constitución se efectúa por el/la/las:

a) Propia Constitución.
b) Tribunal Constitucional.
c) Cortes Generales.
d) Gobierno de la Nación.

10. Las Comunidades Autónomas deben usar o instalar la bandera española:

a) En sus edificios.
b) En los actos oficiales.

c) Cuando lo solicite el Delegado del Gobierno de la Nación en las mismas.
d) Cuando lo estimen oportuno.

11. El Título de la Constitución que trata de las relaciones entre el Gobierno y las Cortes Generales es él:

a) Cuarto.
b) Quinto.
c) Sexto.
d) Tercero.

12. La Constitución entró en vigor:

a) Al día siguiente de su publicación en el Boletín Oficial del Estado.
b) El 27 de diciembre de 1978.
c) El 29 de diciembre de 1978.
d) Al ser aprobada en la sesión conjunta por el Congreso de los Diputados y el Senado.

13. La disolución de las Cortes Generales, cuando se va a proceder a la reforma de la Constitución, se produce en caso de:

a) Reforma por el procedimiento excepcional.
b) Reforma por el procedimiento ordinario.
c) Cualquier tipo de reforma.
d) Que así lo estime oportuno el Rey.

14. El procedimiento excepcional de reforma está previsto en caso de intentarse esta respecto del siguiente Título de la Constitución:

a) Cualquiera.
b) Segundo.
c) Tercero.
d) Ninguno de los anteriores.

15. ¿Qué artículo de la CE dispone acerca de la dignidad de la persona, los derechos inviolables que le son inherentes, el libre desarrollo de la personalidad, el respeto a la ley y a los derechos de los demás son el fundamento del orden político y de la paz social?

a) En el art. 10.
b) En el art. 100.
c) En el art. 13.
d) En el art. 104.

En MADTEST tienes **más preguntas de este tema, comentadas y argumentadas**, y todos tus avances quedan registrados y se reflejan en el ranking.

¡Supera tus límites con MADTEST!

A continuación te presentamos algunos ejemplos de preguntas comentadas:

16. Señala la respuesta correcta, respecto de la aprobación, ratificación y publicación de la Constitución Española:

a) Aprobada por las Cortes el 31 de octubre de 1978, ratificada por el pueblo en referéndum el 6 de diciembre de 1978 y publicada el 29 de diciembre de 1978.

b) Aprobada por las Cortes el 30 de octubre de 1978, ratificada por el pueblo en referéndum el 16 de diciembre de 1978 y publicada el 27 de diciembre de 1978.

c) Aprobada por las Cortes el 31 de octubre de 1978, ratificada por el pueblo en referéndum el 16 de diciembre de 1978 y publicada el 29 de diciembre de 1978.

d) Aprobada por las Cortes el 10 de octubre de 1978, ratificada por el pueblo en referéndum el 26 de diciembre de 1978 y publicada el 30 de diciembre de 1978.

Respuesta correcta: a) Aprobada por las Cortes el 31 de octubre de 1978, ratificada por el pueblo en referéndum el 6 de diciembre de 1978 y publicada el 29 de diciembre de 1978.

La fundamentación legal de esta pregunta la encontramos en la Disposición Final de la Constitución Española, que establece:

Esta Constitución entrará en vigor el mismo día de la publicación de su texto oficial en el Boletín Oficial del Estado. Tras la pertinente tramitación parlamentaria, ambas Cámaras (Congreso de los Diputados y Senado), por separado, aprobaron el texto de la Constitución el 31 de octubre de 1978. Posteriormente, el 6 de diciembre siguiente, se aprobó en referéndum, sancionándolo y promulgándolo el Rey el 27 del mismo mes y año, y publicándose en el Boletín Oficial del Estado el 29 de diciembre de 1978, entrando en vigor ese mismo día, a tenor de lo dispuesto en su Disposición Final.

17. Si un poder público, en su actuación, infringe lo dispuesto en el Preámbulo de la Constitución:

a) Incurre en nulidad.

b) Incurre en inconstitucionalidad.

c) No pasa nada salvo que, como consecuencia de esa actuación, se infrinja un artículo de la propia Constitución.

d) Nada de lo anterior es cierto.

Respuesta correcta: c) No pasa nada salvo que, como consecuencia de esa actuación, se infrinja un artículo de la propia Constitución.

Podemos encontrar la respuesta en el sentido del propio Preámbulo de nuestra Constitución, así como en la doctrina del Profesor Alzaga Villaamil, que considera el Preámbulo como un texto sin fuerza jurídica de obligar, aunque con un gran valor declaratorio-político, constituyendo, en cuanto declaración solemne de intenciones que formula colectivamente el poder constituyente, un factor decisivo o de la mayor importancia a la hora de interpretar rectamente el contenido normativo de nuestra Ley política fundamental.

18. Un español de origen puede perder esta nacionalidad:

a) Por sanción administrativa.
b) Cuando libremente renuncie a la misma.
c) Por condena penal.
d) En ningún caso.

Respuesta correcta: b) Cuando libremente renuncie a la misma.

La fundamentación legal de esta pregunta la encontramos en el artículo 11 de nuestra CE:

1. La nacionalidad española se adquiere, se conserva y se pierde de acuerdo con lo establecido por la ley.

2. Ningún español de origen podrá ser privado de su nacionalidad.

3. El Estado podrá concertar tratados de doble nacionalidad con los países iberoamericanos o con aquellos que hayan tenido o tengan una particular vinculación con España. En estos mismos países, aun cuando no reconozcan a sus ciudadanos un derecho recíproco, podrán naturalizarse los españoles sin perder su nacionalidad de origen.

19. En el procedimiento ordinario de reforma constitucional, el referéndum es:

a) Obligatorio en todo caso.
b) Preceptivo cuando se solicite por una décima parte de los Diputados o Senadores, dentro de los quince días siguientes a la aprobación de la reforma.
c) Voluntario en cualquier caso.
d) Improcedente.

Respuesta correcta: b) Preceptivo cuando se solicite por una décima parte de los Diputados o Senadores, dentro de los quince días siguientes a la aprobación de la reforma.

La fundamentación legal de esta pregunta la encontramos en el artículo 167 de nuestra CE:

1. Los proyectos de reforma constitucional deberán ser aprobados por una mayoría de tres quintos de cada una de las Cámaras. Si no hubiera acuerdo entre ambas, se intentará obtenerlo mediante la creación de una Comisión de composición paritaria de Diputados y Senadores, que presentará un texto que será votado por el Congreso y el Senado.

2. De no lograrse la aprobación mediante el procedimiento del apartado anterior, y siempre que el texto hubiere obtenido el voto favorable de la mayoría absoluta del Senado, el Congreso, por mayoría de dos tercios, podrá aprobar la reforma.

3. Aprobada la reforma por las Cortes Generales, será sometida a referéndum para su ratificación, cuando así lo solicite, dentro de los quince días siguientes a su aprobación, una décima parte de los miembros de cualquiera de las Cámaras.

20. La "Libertad ideológica, religiosa y de culto", se recoge en el artículo:

a) 12.
b) 16.
c) 18.
d) 24.

Respuesta correcta: b) 16.

Artículo 16 de la CE:

1. Se garantiza la libertad ideológica, religiosa y de culto de los individuos y las comunidades sin más limitación, en sus manifestaciones, que la necesaria para el mantenimiento del orden público protegido por la ley.

2. Nadie podrá ser obligado a declarar sobre su ideología, religión o creencias.

3. Ninguna confesión tendrá carácter estatal. Los poderes públicos tendrán en cuenta las creencias religiosas de la sociedad española y mantendrán las consiguientes relaciones de cooperación con la Iglesia Católica y las demás confesiones.

Solución al test n.º 1

1. b) En la indisoluble unidad de la Nación española.

2. d) De las nacionalidades y regiones que la integran.

3. a) El Rey.

4. d) La dignidad de la persona, los derechos inviolables que le son inherentes, el libre desarrollo de su personalidad, el respeto a la ley y a los derechos de los demás.

5. c) Monarquía parlamentaria.

6. b) En el Título Preliminar.

7. d) Todas las respuestas son correctas.

8. c) Las respuestas a) y b) son correctas.

9. a) Propia Constitución.

10. b) En los actos oficiales.

11. b) Quinto.

12. c) El 29 de diciembre de 1978.

13. a) Reforma por el procedimiento excepcional.

14. b) Segundo.

15. a) En el art. 10.

16. a) Aprobada por las Cortes el 31 de octubre de 1978, ratificada por el pueblo en referéndum el 6 de diciembre de 1978 y publicada el 29 de diciembre de 1978.

17. c) No pasa nada salvo que, como consecuencia de esa actuación, se infrinja un artículo de la propia Constitución.

18. b) Cuando libremente renuncie a la misma.

19. b) Preceptivo cuando se solicite por una décima parte de los Diputados o Senadores, dentro de los quince días siguientes a la aprobación de la reforma.

20. b) 16.

TEST N.º 2

Legislación sanitaria. Marco normativo en España

1. Tiene competencia exclusiva en sanidad exterior:

a) El Estado.
b) Las Comunidades Autónomas.
c) Las Ciudades Autónomas.
d) Todas las respuestas anteriores son correctas.

2. Las Comunidades Autónomas:

a) No pueden tener competencia en materia de sanidad.
b) Tienen competencia en materias de sanidad de forma excepcional.
c) Tienen competencia exclusiva en materia sanitaria.
d) Pueden asumir competencias en materia de sanidad e higiene.

3. Son titulares del derecho a la protección de la salud y a la atención sanitaria:

a) Solamente los españoles mayores de edad.
b) Solamente los españoles.
c) Todos los españoles y los ciudadanos extranjeros que tengan establecida su residencia en el territorio nacional.
d) Todos los españoles y los ciudadanos extranjeros se encuentren donde se encuentren.

4. Todas aquellas que se realicen en materia de vigilancia y control de los posibles riesgos para la salud derivados de la importación, exportación o tránsito de mercancías y del tráfico internacional de viajeros son actividades de:

a) Sanidad interior.
b) Sanidad general.
c) Sanidad exterior.
d) Higiene.

5. Las actividades y funciones de sanidad exterior se regularán por:

a) Ley Orgánica.
b) Ley ordinaria.

c) Real Decreto.
d) Decreto.

6. La organización, funcionamiento interno, evaluación, inspección y control de centros, servicios y establecimientos sanitarios es:

a) Competencia exclusiva del Estado.
b) Competencia exclusiva de la Comunidad Autónoma de Andalucía.
c) Competencia compartida entre el Estado y la Comunidad Autónoma de Andalucía.
d) Competencia única de la Comunidad Autónoma de Andalucía.

7. La organización, el funcionamiento, la evaluación, la inspección y el control de centros, servicios y establecimientos sanitarios es:

a) Competencia exclusiva del Estado.
b) Competencia exclusiva de la Comunidad Autónoma de Aragón.
c) Competencia compartida entre el Estado y la Comunidad Autónoma de Aragón.
d) Competencia única de la Comunidad Autónoma de Aragón.

8. El desarrollo legislativo y la ejecución de la legislación del Estado en materia de sanidad agraria y animal es:

a) Competencia exclusiva del Estado.
b) Competencia exclusiva de la Comunidad Autónoma de Castilla y León.
c) Competencia compartida entre el Estado y la Comunidad Autónoma de Castilla y León.
d) Competencia única de la Comunidad Autónoma de Castilla y León.

9. La organización y el funcionamiento interno, la evaluación, la inspección y el control de centros, servicios y establecimientos sanitarios es:

a) Competencia exclusiva del Estado.
b) Competencia exclusiva de la Comunidad Autónoma de Cataluña.
c) Competencia compartida entre el Estado y la Comunidad Autónoma de Cataluña.
d) Competencia única de la Comunidad Autónoma de Cataluña.

10. La organización, funcionamiento interno, evaluación, inspección y control de centros, servicios y establecimientos sanitarios es:

a) Competencia exclusiva del Estado.
b) Competencia exclusiva de la Comunidad Autónoma de Extremadura.
c) Competencia compartida entre el Estado y la Comunidad Autónoma de Extremadura.
d) Competencia única de la Comunidad Autónoma de Extremadura.

11. ¿Tiene competencias en sanidad agrícola la Comunidad Autónoma de Extremadura?

a) No, solamente las tiene la Comunidad Autónoma de Andalucía.
b) La competencia en sanidad agrícola es del Estado.

c) Sí, tiene competencia exclusiva en sanidad agrícola.

d) Sí, tiene competencias de desarrollo normativo en sanidad agrícola.

12. La organización, funcionamiento y control de los centros sanitarios públicos y de los servicios de salud es:

a) Siempre una competencia exclusiva del Estado.

b) Siempre una competencia compartida.

c) Una competencia exclusiva de la Comunidad Autónoma de les Illes Balears.

d) Una competencia única de la Comunidad Autónoma de les Illes Balears.

13. El desarrollo legislativo y la ejecución de la sanidad vegetal y animal es:

a) Siempre una competencia exclusiva del Estado.

b) Siempre una competencia compartida.

c) Una competencia de la Comunidad Autónoma de les Illes Balears.

d) Una competencia única de la Comunidad Autónoma de les Illes Balears.

14. La ejecución de la legislación del Estado sobre productos farmacéuticos corresponde:

a) Al Gobierno Central.

b) Al Congreso de los Diputados.

c) Al Parlamento de Valencia.

d) A la Generalitat Valenciana.

15. La gestión del régimen económico de la Seguridad Social en el País Vasco:

a) Es competencia del Gobierno central.

b) Es competencia del Congreso de los Diputados.

c) Es competencia de la Comunidad Autónoma del País Vasco.

d) Es competencia compartida, pero la ejecuta el Estado.

En MADTEST tienes **más preguntas de este tema, comentadas y argumentadas**, y todos tus avances quedan registrados y se reflejan en el ranking.

¡Supera tus límites con MADTEST!

A continuación te presentamos algunos ejemplos de preguntas comentadas:

16. La sanidad interior es:

a) Competencia exclusiva del Estado.

b) Competencia exclusiva de la Comunidad Autónoma de Andalucía.

c) Competencia compartida entre el Estado y la Comunidad Autónoma de Andalucía.
d) Competencia única de la Comunidad Autónoma de Andalucía.

Respuesta correcta: c) Competencia compartida entre el Estado y la Comunidad Autónoma de Andalucía.

La Ley Orgánica 2/2007, de 19 de marzo, de reforma del Estatuto de Autonomía para Andalucía recoge en su artículo 55.2 "Corresponde a la Comunidad Autónoma de Andalucía la competencia compartida en materia de sanidad interior y, en particular y sin perjuicio de la competencia exclusiva que le atribuye el artículo 61, la ordenación, planificación, determinación, regulación y ejecución de los servicios y prestaciones sanitarias, sociosanitarias y de salud mental de carácter público en todos los niveles y para toda la población, la ordenación y la ejecución de las medidas destinadas a preservar, proteger y promover la salud pública en todos los ámbitos, incluyendo la salud laboral, la sanidad animal con efecto sobre la salud humana, la sanidad alimentaria, la sanidad ambiental y la vigilancia epidemiológica, el régimen estatutario y la formación del personal que presta servicios en el sistema sanitario público, así como la formación sanitaria especializada y la investigación científica en materia sanitaria".

17. Corresponde a la Comunidad Autónoma de Murcia el desarrollo legislativo y la ejecución en:

a) Sanidad.
b) Higiene.
c) Ordenación farmacéutica.
d) Todas las respuestas anteriores son correctas.

Respuesta correcta: d) Todas las respuestas anteriores son correctas.

Recoge la Ley Orgánica 4/1982, de 9 de junio, de Estatuto de Autonomía para la Región de Murcia en su artículo 11 que "el marco de la legislación básica del Estado y, en su caso, en los términos que la misma establezca, corresponde a la Comunidad Autónoma el desarrollo legislativo y la ejecución en sanidad, higiene, ordenación farmacéutica y coordinación hospitalaria en general, incluida la de la Seguridad Social, sin perjuicio de lo dispuesto en el número 16 del artículo 149.1 de la Constitución".

18. La planificación de los recursos sanitarios es:

a) Siempre una competencia exclusiva del Estado.
b) Siempre una competencia compartida.
c) Una competencia exclusiva de la Comunidad Autónoma de les Illes Balears.
d) Una competencia única de la Comunidad Autónoma de les Illes Balears.

Respuesta correcta: c) Una competencia exclusiva de la Comunidad Autónoma de les Illes Balears.

Recoge la Ley Orgánica 1/2007, de 28 de febrero, de reforma del Estatuto de Autonomía de las Illes Balears, en su artículo 30 que "La Comunidad Autónoma tiene la competencia exclusiva en las siguientes materias, sin perjuicio de lo dispuesto en el artículo 149.1 de la Constitución: organización, funcionamiento y control de los centros sanitarios públicos y de los servicios de salud. Planificación de los recursos sanitarios. Coordinación de la sanidad privada con el sistema sanitario público. Promoción de la salud en todos los ámbitos, en el marco de las bases y la coordinación general de la sanidad. Ordenación farmacéutica, en el marco de lo que dispone el número 16, apartado 1, del artículo 149 de la Constitución".

19. La Comunidad Foral de Navarra:

a) Es la única que no tiene competencia en materia de sanidad interior e higiene.

b) Es la única que tiene competencia en materia de sanidad interior e higiene.

c) Tiene competencia en materia de sanidad interior e higiene, como otras comunidades autónomas.

d) No tiene competencia en materia de sanidad interior e higiene, porque es competencia exclusiva del Estado.

Respuesta correcta: c) Tiene competencia en materia de sanidad interior e higiene, como otras comunidades autónomas.

Recoge la Ley Orgánica 13/1982, de 10 de agosto, de reintegración y amejoramiento del Régimen Foral de Navarra, en su artículo 53 que "Uno. En materia de sanidad interior e higiene, corresponden a Navarra las facultades y competencias que actualmente ostenta, y además, el desarrollo legislativo y la ejecución de la legislación básica del Estado; Dos. Dentro de su territorio, Navarra podrá organizar y administrar todos los servicios correspondientes a la materia a la que se refiere el apartado anterior y ejercitará la tutela de las instituciones, entidades y fundaciones relacionadas con las mismas; Tres. Sin perjuicio de lo establecido en los apartados anteriores, corresponde al Estado la coordinación y alta inspección conducente al cumplimiento de las facultades y competencias contenidas en este artículo".

20. La coordinación hospitalaria, en general:

a) Siempre es competencia exclusiva del Estado, también en relación con su desarrollo legislativo y ejecución.

b) Siempre es competencia de la Comunidad Autónoma, también en relación con su desarrollo legislativo y ejecución.

c) Es una competencia de desarrollo legislativo de la Comunidad Autónoma de Cantabria.

d) Debe ser ejecutada siempre por parte del Estado.

Respuesta correcta: c) Es una competencia de desarrollo legislativo de la Comunidad Autónoma de Cantabria.

Recoge la Ley Orgánica 8/1981, de 30 de diciembre, de Estatuto de Autonomía para Cantabria en su artículo 25 que "en el marco de la legislación básica del Estado y en los términos que la misma establezca, corresponde a la Comunidad Autónoma de Cantabria [...] Coordinación hospitalaria en general, incluida la de la Seguridad Social (apartado 3.º)."

Solución al test n.º 2

1. a) El Estado.

2. d) Pueden asumir competencias en materia de sanidad e higiene.

3. c) Todos los españoles y los ciudadanos extranjeros que tengan establecida su residencia en el territorio nacional.

4. c) Sanidad exterior.

5. c) Real Decreto.

6. b) Competencia exclusiva de la Comunidad Autónoma de Andalucía.

7. b) Competencia exclusiva de la Comunidad Autónoma de Aragón.

8. b) Competencia exclusiva de la Comunidad Autónoma de Castilla y León.

9. b) Competencia exclusiva de la Comunidad Autónoma de Cataluña.

10. b) Competencia exclusiva de la Comunidad Autónoma de Extremadura.

11. d) Sí, tiene competencias de desarrollo normativo en sanidad agrícola.

12. c) Una competencia exclusiva de la Comunidad Autónoma de les Illes Balears.

13. c) Una competencia exclusiva de la Comunidad Autónoma de les Illes Balears.

14. d) A la Generalitat Valenciana.

15. c) Es competencia de la Comunidad Autónoma el País Vasco.

16. c) Competencia compartida entre el Estado y la Comunidad Autónoma de Andalucía.

17. d) Todas las respuestas anteriores son correctas.

18. c) Una competencia exclusiva de la Comunidad Autónoma de les Illes Balears.

19. c) Tiene competencia en materia de sanidad interior e higiene, como otras comunidades autónomas.

20. c) Es una competencia de desarrollo legislativo de la Comunidad Autónoma de Cantabria.

TEST N.º 3

Estatuto Marco del Personal Estatutario de los Servicios de Salud

1. La Ley 55/2003, de 16 de diciembre, determina la relación del personal estatutario de los servicios de salud como:

a) Laboral especial.
b) Funcionarial convencional.
c) Contractual asimilada.
d) Funcionarial especial.

2. Para el desempeño de una plaza vacante de los centros o servicios de salud, cuando sea necesario, se nombrará a personal:

a) Eventual.
b) De sustitución.
c) Interino.
d) Laboral.

3. ¿Quién establecerá las diferentes categorías o grupos profesionales existentes en su ámbito, de acuerdo con el criterio de agrupación unitaria de las funciones, competencias y aptitudes profesionales, de las titulaciones y de los contenidos específicos de la función a desarrollar?

a) El Sistema Nacional de Salud.
b) El servicio de salud.
c) El área de salud.
d) El distrito de salud.

4. El personal estatutario ostenta, en los términos establecidos en la Constitución y en la legislación específicamente aplicable, el siguiente derecho colectivo:

a) A que sea respetada su dignidad e intimidad personal en el trabajo y a ser tratado con educación, consideración y respeto por sus jefes y superiores, sus compañeros y sus subordinados.
b) Al descanso periódico retribuido, mediante la limitación de la jornada, las vacaciones y permisos necesarios en los términos que se establezcan.

c) A recibir asistencia y protección de las Administraciones Públicas y servicios de salud en el ejercicio del Régimen General de la Seguridad Social.

d) A la libre sindicación.

5. El personal estatutario de los servicios de salud viene obligado a:

a) Cumplir las normas relativas a la seguridad y salud en el trabajo, así como las disposiciones adoptadas en el centro sanitario en relación con esta materia.

b) Prestar colaboración social cuando así sea requerido por las autoridades como consecuencia de la adopción de medidas especiales por razones de emergencia o necesidad.

c) Cumplir el régimen de horarios y jornada, atendiendo a la cobertura de las jornadas nocturnas que se hayan establecido para garantizar de forma permanente el funcionamiento de las instituciones, centros y servicios.

d) Aconsejar debidamente, de acuerdo con las normas y procedimientos aplicables en cada caso y dentro del ámbito de sus competencias, a los usuarios y pacientes sobre su proceso asistencial y sobre los servicios disponibles.

6. ¿Qué ocurre si, a efectos del nombramiento conferido por el órgano competente, no se acredita, una vez superado el proceso selectivo, que se reúnen los requisitos y condiciones exigidos en la convocatoria?

a) Se otorga un plazo máximo de un mes para su acreditación.

b) No podrán ser nombrados y quedarán sin efecto sus actuaciones.

c) No podrán ser nombrados y quedarán suspensas sus actuaciones hasta que sea subsanado.

d) Ninguna es correcta.

7. El interesado tendrá derecho a incorporarse a plaza de la misma categoría y área de salud en que prestaba sus servicios:

a) En todo caso.

b) Si la revisión se produce dentro de los dos años siguientes a la fecha de la declaración de incapacidad.

c) Solo a la misma categoría pero no al área de salud donde prestaba sus servicios.

d) En ningún caso.

8. ¿Cuál de los siguientes sistemas no se utiliza en la promoción interna del personal estatutario fijo?

a) Libre designación.

b) Concurso.

c) Oposición.

d) Concurso-oposición.

9. El ejercicio de funciones en promoción interna temporal…:

a) Podrá ser considerado como mérito en los sistemas de promoción interna del personal estatutario fijo.

b) Será considerado como mérito en los sistemas de promoción interna del personal estatutario fijo.

c) Supondrá la consolidación de derechos de carácter retributivo del nuevo nombramiento.

d) Supondrá la consolidación de derechos en relación con la obtención de nuevo nombramiento.

10. La carrera profesional supondrá el derecho de los profesionales a progresar, de forma individualizada, como reconocimiento a su desarrollo profesional en cuanto a:

a) Conocimientos.

b) Experiencia.

c) Cumplimiento de los objetivos de la organización a la cual prestan sus servicios.

d) Todas son correctas.

11. El complemento específico NO retribuye:

a) La penosidad del puesto que se desempeña.

b) El nivel del puesto que se desempeña.

c) La especial dificultad técnica del puesto que se desempeña.

d) La incompatibilidad asociada al puesto que se desempeña.

12. En la forma de trabajo por turnos, ¿cómo se realiza la organización del trabajo?

a) Individualmente.

b) Por binomios.

c) En equipo.

d) En periodo nocturno.

13. Cuando la mención sobre periodos de tiempo se efectúa a un periodo de tiempo semestral, se entenderá referida, según el artículo 57 de la Ley 55/2003:

a) A los seis meses posteriores siguientes al del día a que se refiera.

b) A los seis meses naturales posteriores a partir del siguiente al que se refiera el día en cuestión.

c) Al primero o al segundo de los semestre de cada año natural.

d) A lo que en cada supuesto específico se establezca.

14. ¿En qué situación se halla el personal estatutario de los servicios de salud cuando desempeñe puesto de trabajo de las relaciones de puestos de las Administraciones Públicas abierto al personal estatutario?

a) En servicios especiales.
b) En servicios bajo otro régimen jurídico.
c) En servicio activo.
d) En excedencia por servicios en el sector público.

15. La sanción de suspensión de funciones:

a) Solo se puede imponer por falta muy grave.
b) Puede imponerse por cualquier tipo de falta.
c) Puede imponerse por falta grave.
d) Solo puede imponerse por falta grave.

En MADTEST tienes **más preguntas de este tema, comentadas y argumentadas**, y todos tus avances quedan registrados y se reflejan en el ranking.

¡Supera tus límites con MADTEST!

A continuación te presentamos algunos ejemplos de preguntas comentadas:

16. Es objeto de la Ley 55/2003, de 16 de diciembre, del Estatuto Marco del personal estatutario de los servicios de salud:

a) Determinar el régimen jurídico del personal laboral al servicio del Sistema Nacional de Salud.
b) Establecer las bases reguladoras de la relación funcionarial especial del personal estatutario de los servicios de salud que conforman el Sistema Nacional de Salud.
c) Establecer las bases del régimen estatutario de los funcionarios del sector público estatal incluidos en su ámbito de aplicación.
d) Determinar las normas aplicables al personal laboral al servicio de las Administraciones Públicas.

Respuesta correcta: b) Establecer las bases reguladoras de la relación funcionarial especial del personal estatutario de los servicios de salud que conforman el Sistema Nacional de Salud.

El artículo 1 de la Ley 55/2003, de 16 de diciembre, dispone que la misma "…tiene por objeto establecer las bases reguladoras de la relación funcionarial especial del personal estatutario de los servicios de salud que conforman el Sistema Nacional de Salud, a través del Estatuto Marco de dicho personal.

La Ley General de Sanidad, en su artículo 84, estableció que un estatuto marco regularía la normativa básica aplicable al personal estatutario en todos los servicios de salud, normas básicas específicas y diferenciadas de las generales de los funcionarios públicos. La conveniencia de una normativa propia para este personal deriva de la necesidad de que su régimen jurídico se adapte a las específicas características del ejercicio de las profesiones sanitarias y del servicio sanitario-asistencial, así como a las peculiaridades organizativas del Sistema Nacional de Salud. Este último aspecto, la adecuación del estatuto marco a los peculiares principios organizativos del Sistema Nacional de Salud merece ser resaltado por cuanto constituye una de las piezas angulares de la nueva regulación del personal.

17. En la división del personal de formación universitaria, la Ley 55/2003, de 16 de diciembre, atiende a la diferencia entre licenciados y diplomados, y también en:

a) Que haya obtenido el título de especialista en ciencias de la salud.
b) Las calificaciones obtenidas en la obtención del título.
c) La experiencia profesional.
d) La practicidad del título.

Respuesta correcta: a) Que haya obtenido el título de especialista en ciencias de la salud.

El artículo 6.2 de la Ley 55/2003, de 16 de diciembre, en cuanto referido al personal de formación universitaria, manifiesta que este personal se divide en:

1.º Licenciados con título de especialista en Ciencias de la Salud.

2.º Licenciados sanitarios.

3.º Diplomados con título de Especialista en Ciencias de la Salud.

4.º Diplomados sanitarios.

Obviando la necesaria equivalencia entre estos títulos universitarios a que hace referencia la ley y los actuales de Grado o Máster, lo cierto es que ambas categorías a las que se refiere se subdividen a su vez en quienes han obtenido el título de especialista en Ciencias de la Salud y aquellos que no.

18. El personal estatutario de los servicios de salud ostenta los siguientes derechos:

a) A recibir prevención eficaz en materia de seguridad y salud en el trabajo, así como sobre riesgos generales en el centro sanitario o derivados del trabajo habitual, y a la información y formación específica en esta materia conforme a lo dispuesto en la Ley 31/1995, de 8 de noviembre, de Prevención de Riesgos Laborales.
b) A la movilidad obligatoria, promoción interna y desarrollo profesional, en la forma en que prevean las disposiciones en cada caso aplicables.
c) A que sea respetada su dignidad e intimidad personal en el trabajo y a ser tratado con corrección, consideración y respeto por sus jefes y superiores, sus compañeros y sus subordinados.
d) A recibir asistencia y protección de las Administraciones Públicas y servicios de salud en el ejercicio del Régimen General de la Seguridad Social.

Respuesta correcta: c) A que sea respetada su dignidad e intimidad personal en el trabajo y a ser tratado con corrección, consideración y respeto por sus jefes y superiores, sus compañeros y sus subordinados.

Según el artículo 17.1.f de la Ley 55/003, de 16 de diciembre, del Estatuto Marco del personal estatutario de los servicios de salud, que establece que:

"1. El personal estatutario de los servicios de salud ostenta los siguientes derechos:

a) A la estabilidad en el empleo y al ejercicio o desempeño efectivo de la profesión o funciones que correspondan a su nombramiento.

b) A la percepción puntual de las retribuciones e indemnizaciones por razón del servicio en cada caso establecidas.

c) A la formación continuada adecuada a la función desempeñada y al reconocimiento de su cualificación profesional en relación con dichas funciones.

d) A recibir protección eficaz en materia de seguridad y salud en el trabajo, así como sobre riesgos generales en el centro sanitario o derivados del trabajo habitual, y a la información y formación específica en esta materia conforme a lo dispuesto en la Ley 31/1995, de 8 de noviembre, de Prevención de Riesgos Laborales.

e) A la movilidad voluntaria, promoción interna y desarrollo profesional, en la forma en que prevean las disposiciones en cada caso aplicables.

f) A que sea respetada su dignidad e intimidad personal en el trabajo y a ser tratado con corrección, consideración y respeto por sus jefes y superiores, sus compañeros y sus subordinados.

g) Al descanso necesario, mediante la limitación de la jornada, las vacaciones periódicas retribuidas y permisos en los términos que se establezcan.

h) A recibir asistencia y protección de las Administraciones públicas y servicios de salud en el ejercicio de su profesión o en el desempeño de sus funciones."

19. Indica en cuál de los siguientes casos se recupera la condición de personal estatutario fijo:

a) En el caso de pérdida de la condición de personal estatutario como consecuencia de pérdida de la nacionalidad, el interesado podrá recuperar dicha condición si acredita la desaparición de la causa que la motivó.

b) Procederá la recuperación de la condición de personal estatutario cuando se hubiera perdido como consecuencia de incapacidad, si esta es revisada conforme a las normas reguladoras del Régimen General de la Seguridad Social.

c) En ninguno de los anteriores.

d) Son correctas las respuestas a) y b).

Respuesta correcta: d) Son correctas las respuestas a) y b).

El artículo 28 de la Ley 55/2003, de 16 de diciembre, del Estatuto Marco del personal estatutario de los servicios de salud regula la recuperación de la condición de personal estatutario fijo, señalando en sus párrafos 1 y 2 lo siguiente:

"1. En el caso de pérdida de la condición de personal estatutario como consecuencia de pérdida de la nacionalidad, el interesado podrá recuperar dicha condición si acredita la desaparición de la causa que la motivó.

2. Procederá también la recuperación de la condición de personal estatutario cuando se hubiera perdido como consecuencia de incapacidad, si esta es revisada conforme a las normas reguladoras del Régimen General de la Seguridad Social.

Si la revisión se produce dentro de los dos años siguientes a la fecha de la declaración de incapacidad, el interesado tendrá derecho a incorporarse a plaza de la misma categoría y área de salud en que prestaba sus servicios."

20. Dispone el artículo 79 en su apartado primero de la Ley 55/2003, de 16 de diciembre, del Estatuto Marco del personal estatutario de los servicios de salud, que la negociación colectiva de las condiciones de trabajo del personal estatutario de los servicios de salud se efectuará mediante la capacidad representativa reconocida a las organizaciones sindicales en:

a) La Constitución y en la Ley 9/1987, de 12 de junio, de órganos de representación, determinación de las condiciones de trabajo y de participación del personal al servicio de las Administraciones Públicas.

b) La Ley 9/1987, de 12 de junio, de órganos de representación, determinación de las condiciones de trabajo y de participación del personal al servicio de las Administraciones Públicas y en la Ley Orgánica 11/1985, de 2 de agosto, de Libertad Sindical.

c) La Ley Orgánica 11/1985, de 2 de agosto, de Libertad Sindical y en la Ley 55/2003, de 16 de diciembre, del Estatuto Marco del personal estatutario de los servicios de salud.

d) La Ley Orgánica 11/1985, de 2 de agosto, de Libertad Sindical y en la Constitución.

Respuesta correcta: d) La Ley Orgánica 11/1985, de 2 de agosto, de Libertad Sindical y en la Constitución.

La negociación colectiva de las condiciones de trabajo del personal estatutario de los servicios de salud se efectuará mediante la capacidad representativa reconocida a las organizaciones sindicales en la Constitución y en la Ley Orgánica 11/1985, de 2 de agosto, de Libertad Sindical (artículo 79.1 de la Ley 55/2003, de 16 de diciembre, del Estatuto Marco del personal estatutario de los servicios de salud).

Solución al test n.º 3

1. d) Funcionarial especial.

2. c) Interino.

3. b) El servicio de salud.

4. d) A la libre sindicación.

5. a) Cumplir las normas relativas a la seguridad y salud en el trabajo, así como las disposiciones adoptadas en el centro sanitario en relación con esta materia.

6. b) No podrán ser nombrados y quedarán sin efecto sus actuaciones.

7. b) Si la revisión se produce dentro de los dos años siguientes a la fecha de la declaración de incapacidad.

8. a) Libre designación.

9. a) Podrá ser considerado como mérito en los sistemas de promoción interna del personal estatutario fijo.

10. d) Todas son correctas.

11. b) El nivel del puesto que se desempeña.

12. c) En equipo.

13. c) Al primero o al segundo de los semestres de cada año natural.

14. c) En servicio activo.

15. c) Puede imponerse por falta grave.

16. b) Establecer las bases reguladoras de la relación funcionarial especial del personal estatutario de los servicios de salud que conforman el Sistema Nacional de Salud.

17. a) Que haya obtenido el título de especialista en ciencias de la salud.

18. c) A que sea respetada su dignidad e intimidad personal en el trabajo y a ser tratado con corrección, consideración y respeto por sus jefes y superiores, sus compañeros y sus subordinados.

19. d) Son correctas las respuestas a) y b).

20. d) La Ley Orgánica 11/1985, de 2 de agosto, de Libertad Sindical y en la Constitución.

TEST N.º 4

Ley Orgánica 3/2018, de 5 de diciembre, de Protección de Datos Personales y garantía de los derechos digitales

1. El RGPD señala, al determinar cuál es su objeto, que la libre circulación de los datos personales en la Unión:

a) Podrá ser restringida y prohibida por motivos relacionados con la protección de las personas físicas en lo que respecta al tratamiento de datos personales.

b) Podrá ser restringida, pero no prohibida, por motivos relacionados con la protección de las personas físicas en lo que respecta al tratamiento de datos personales.

c) No podrá ser restringida ni prohibida por motivos relacionados con la protección de las personas físicas en lo que respecta al tratamiento de datos personales.

d) No podrá ser restringida, pero sí prohibida, por motivos relacionados con la protección de las personas físicas en lo que respecta al tratamiento de datos personales.

2. El Reglamento General de Protección de Datos se aplica:

a) Únicamente al tratamiento automatizado de datos personales.

b) Únicamente al tratamiento no automatizado de datos personales contenidos o destinados a ser incluidos en un fichero.

c) Únicamente al tratamiento total o parcialmente automatizado de datos personales.

d) Al tratamiento total o parcialmente automatizado de datos personales, así como al tratamiento no automatizado de datos personales contenidos o destinados a ser incluidos en un fichero.

3. El Reglamento General de Protección de Datos se aplica:

a) Al tratamiento de datos personales que no tenga lugar en la Unión Europea en el contexto de las actividades de un establecimiento del responsable o del encargado en la Unión Europea.

b) Al tratamiento de datos personales en el ejercicio de una actividad no comprendida en el ámbito de aplicación del Derecho de la Unión.

c) Al tratamiento de datos personales efectuado por una persona física en el ejercicio de actividades exclusivamente personales o domésticas.

d) Al tratamiento de datos personales por parte de las autoridades competentes con fines de prevención, investigación, detección o enjuiciamiento de infracciones penales, o de ejecución de sanciones penales, incluida la de protección frente a amenazas a la seguridad pública y su prevención.

4. Los datos personales obtenidos a partir de un tratamiento técnico específico, relativos a las características físicas, fisiológicas o conductuales de una persona física que permitan o confirmen la identificación única de dicha persona, como imágenes faciales o datos dactiloscópicos, se denominan:

a) Datos corporales.
b) Datos naturales.
c) Datos genéticos.
d) Datos biométricos.

5. ¿En virtud de qué principio previsto por el Reglamento General de Protección de Datos, los datos personales serán adecuados, pertinentes y limitados a lo necesario en relación con los fines para los que son tratados?

a) Principio de exactitud.
b) Principio de limitación de la finalidad.
c) Principio de responsabilidad proactiva.
d) Principio de minimización de datos.

6. Conforme al artículo 3 de la LO 3/2018, las personas vinculadas al fallecido por razones familiares o de hecho así como sus herederos:

a) No podrán dirigirse al responsable o encargado del tratamiento para solicitar el acceso a los datos personales de aquella, si no es por vía judicial.
b) Solo podrán dirigirse al encargado del tratamiento, siempre que sea con objeto de rectificar datos manifiestamente falsos.
c) Podrán dirigirse al responsable o encargado del tratamiento siempre que sea con objeto de solicitar la supresión de los datos personales de aquella sin posibilidad de acceder a ellos.
d) Podrán dirigirse al responsable o encargado del tratamiento al objeto de solicitar el acceso a los datos personales de aquella y, en su caso, su rectificación o supresión.

7. En relación con el consentimiento del interesado al tratamiento de datos de carácter personal, es cierto que:

a) En ningún caso se puede obligar a nadie a facilitar sus datos.
b) El consentimiento ha de ser previo a la información sobre el tratamiento.
c) Si se puede consentir libremente, del mismo modo se puede retirar el consentimiento.
d) La solicitud del consentimiento deberá ir referida a todos los tratamientos que se puedan dar en un plazo determinado.

8. Conforme al RGPD, el interesado tendrá derecho a obtener del responsable del tratamiento la limitación del tratamiento de los datos cuando el responsable ya no necesite los datos personales para los fines del tratamiento, pero el interesado los necesite para:

a) La formulación, el ejercicio o la defensa de reclamaciones.
b) Verificar la exactitud de los mismos.

c) Incorporarlos a sus archivos personales.

d) Proceder él mismo a su destrucción.

9. El derecho a la portabilidad de los datos:

a) Se podrá aplicar a los tratamientos que sean necesarios para el cumplimiento de una misión realizada en interés público o en el ejercicio de poderes públicos conferidos al responsable del tratamiento.

b) A diferencia de otros derechos, podrá afectar negativamente a los derechos y libertades de otros.

c) Supone la obligación de que, en todo caso, los datos personales se transmitan directamente de responsable a responsable.

d) Requiere que el tratamiento se efectúe por medios automatizados.

10. Conforme al RGPD, ¿puede facilitarse la información al interesado de forma verbal?

a) No, en ningún caso.

b) Sí, siempre que lo solicite el interesado.

c) Sí, en cualquier caso siempre que se demuestre la identidad del interesado por otros medios.

d) Sí, cuando lo solicite el interesado y se pueda demostrar su identidad por otros medios.

11. Conforme al RGPD, la información al interesado sobre la base de una solicitud será facilitada por el responsable del tratamiento en el plazo de un mes a partir de la recepción de la solicitud. Teniendo en cuenta la complejidad y el número de solicitudes, dicho plazo será prorrogado:

a) 15 días más.

b) Un mes más.

c) Otros dos meses.

d) Otros tres meses.

12. Conforme al artículo 18 del RGPD, el interesado tendrá derecho a obtener del responsable del tratamiento la limitación del tratamiento de los datos:

a) Cuando los datos personales ya no sean necesarios en relación con los fines para los que fueron recogidos o tratados de otro modo.

b) Para que el interesado pueda ejercer el derecho a la libertad de expresión e información.

c) Cuando el interesado impugne la exactitud de los datos personales, durante un plazo que permita al responsable verificar la exactitud de los mismos.

d) Por razones de interés público en el ámbito de la salud pública.

13. En referencia con el derecho de oposición, el artículo 21 del RGPD señala que:

a) Cuando el tratamiento de datos personales tenga por objeto la mercadotecnia directa, el interesado tendrá derecho a oponerse en todo momento al tratamiento de los datos personales que le conciernan.

b) A más tardar en el momento de la segunda comunicación con el interesado, el derecho de oposición será mencionado explícitamente al interesado y será presentado claramente y al margen de cualquier otra información.

c) Aun cuando el tratamiento de datos personales tenga por objeto la mercadotecnia directa, el interesado no podrá oponerse a la elaboración de perfiles relacionada con la citada mercadotecnia.

d) Los motivos legítimos para el tratamiento por parte del responsable del tratamiento no pueden prevalecer sobre los intereses, derechos y libertades del interesado.

14. El RGPD denomina a la autoridad pública independiente establecida por un Estado miembro:

a) Agencia Nacional de Protección de Datos.
b) Representante.
c) Autoridad de control.
d) Autoridad de referencia.

15. Sustituirá y auxiliará en el ejercicio de sus funciones a la Presidencia de la Agencia Española:

a) Un Vicepresidente.
b) Un Adjunto.
c) Un Delegado.
d) Un Director.

En MADTEST tienes **más preguntas de este tema, comentadas y argumentadas**, y todos tus avances quedan registrados y se reflejan en el ranking.

¡Supera tus límites con MADTEST!

A continuación te presentamos algunos ejemplos de preguntas comentadas:

16. Como la consecuencia del derecho que tienen los ciudadanos a solicitar, y obtener de los responsables, que los datos personales sean suprimidos cuando, entre otros casos, estos ya no sean necesarios para la finalidad con la que fueron recogidos, cuando se haya retirado el consentimiento o cuando estos se hayan recogido de forma ilícita, el Reglamento General de Protección de Datos propugna el derecho:

a) Al olvido.
b) De oposición.

c) De rectificación.

d) Al borrado.

Respuesta correcta: a) Al olvido.

El artículo 17.1 del RGPD dispone que:

1. El interesado tendrá derecho a obtener sin dilación indebida del responsable del tratamiento la supresión de los datos personales que le conciernan, el cual estará obligado a suprimir sin dilación indebida los datos personales cuando concurra alguna de las circunstancias siguientes:

   a) los datos personales ya no sean necesarios en relación con los fines para los que fueron recogidos o tratados de otro modo;

   b) el interesado retire el consentimiento en que se basa el tratamiento de conformidad con el artículo 6, apartado 1, letra a), o el artículo 9, apartado 2, letra a), y este no se base en otro fundamento jurídico;

   c) el interesado se oponga al tratamiento con arreglo al artículo 21, apartado 1, y no prevalezcan otros motivos legítimos para el tratamiento, o el interesado se oponga al tratamiento con arreglo al artículo 21, apartado 2;

   d) los datos personales hayan sido tratados ilícitamente;

   e) los datos personales deban suprimirse para el cumplimiento de una obligación legal establecida en el Derecho de la Unión o de los Estados miembros que se aplique al responsable del tratamiento;

   f) los datos personales se hayan obtenido en relación con la oferta de servicios de la sociedad de la información mencionados en el artículo 8, apartado 1.

17. En virtud del derecho de acceso al que se refiere el artículo 15 del Reglamento (UE) 2016/679, del Parlamento Europeo y del Consejo, de 27 de abril, relativo a la protección de las personas físicas en lo que respecta al tratamiento de datos personales y a la libre circulación de estos datos y por el que se deroga la Directiva 95/46/CE:

a) El interesado tendrá derecho a conocer si sus datos de carácter personal están siendo tratados, qué datos son objeto de dicho tratamiento, la finalidad del mismo, el origen de los citados datos y si se han comunicado o se van a comunicar a un tercero.

b) El interesado, previo pago de un canon, tendrá derecho a obtener información sobre sus datos de carácter personal sometidos a tratamiento.

c) El interesado tiene derecho a conocer el nombre y apellidos de las personas que han accedido a sus datos.

d) El interesado tendrá derecho a obtener información de sus datos de carácter personal sometidos a tratamiento, pero no de las comunicaciones que se prevean hacer de ellos.

Respuesta correcta: a) El interesado tendrá derecho a conocer si sus datos de carácter personal están siendo tratados, qué datos son objeto de dicho tratamiento, la finalidad del mismo, el origen de los citados datos y si se han comunicado o se van a comunicar a un tercero.

Según el artículo 15.1 del RGPD, el interesado tendrá derecho a obtener del responsable del tratamiento confirmación de si se están tratando o no datos personales que le conciernen y, en tal caso, derecho de acceso a los datos personales y a la siguiente información:

a) los fines del tratamiento;

b) las categorías de datos personales de que se trate;

c) los destinatarios o las categorías de destinatarios a los que se comunicaron o serán comunicados los datos personales, en particular destinatarios en terceros u organizaciones internacionales;

d) de ser posible, el plazo previsto de conservación de los datos personales o, de no ser posible, los criterios utilizados para determinar este plazo;

e) la existencia del derecho a solicitar del responsable la rectificación o supresión de datos personales o la limitación del tratamiento de datos personales relativos al interesado, o a oponerse a dicho tratamiento;

f) el derecho a presentar una reclamación ante una autoridad de control;

g) cuando los datos personales no se hayan obtenido del interesado, cualquier información disponible sobre su origen;

h) la existencia de decisiones automatizadas, incluida la elaboración de perfiles, a que se refiere el artículo 22, apartados 1 y 4, y, al menos en tales casos, información significativa sobre la lógica aplicada, así como la importancia y las consecuencias previstas de dicho tratamiento para el interesado.

18. Según el artículo 17 del RGPC, el interesado tendrá derecho a obtener sin dilación indebida del responsable del tratamiento la supresión de los datos personales que le conciernan, el cual estará obligado a suprimir sin dilación indebida los datos personales cuando concurra alguna de las circunstancias siguientes:

a) Que los datos personales siguen siendo necesarios en relación con los fines para los que fueron recogidos y tratados del mismo modo.

b) Que el interesado retire el consentimiento en que se basa el tratamiento, y este se basa en otro fundamento jurídico.

c) Que el interesado se oponga al tratamiento de datos personales que tiene por objeto la mercadotecnia directa.

d) Que los datos personales no han sido obtenidos en relación con la oferta de servicios de la sociedad de la información.

Respuesta correcta: c) El interesado se opone al tratamiento de datos personales que tiene por objeto la mercadotecnia directa.

Conforme al artículo 17.1.c) el interesado tendrá derecho a obtener sin dilación indebida del responsable del tratamiento la supresión de los datos personales que le conciernan, el cual estará obligado a suprimir sin dilación indebida los datos personales cuando el interesado se oponga al tratamiento con arreglo al artículo 21, apartado 1, y no prevalezcan otros motivos legítimos para el tratamiento, o el interesado se oponga al tratamiento con arreglo al artículo 21, apartado 2.

Dicho artículo 21.2., señala que cuando el tratamiento de datos personales tenga por objeto la mercadotecnia directa, el interesado tendrá derecho a oponerse en todo momento al tratamiento de los datos personales que le conciernan, incluida la elaboración de perfiles en la medida en que esté relacionada con la citada mercadotecnia.

19. Conforme al artículo 17 del RGPD, el derecho de supresión no se podrá aplicar cuando:

a) Los datos personales ya no sean necesarios en relación con los fines para los que fueron recogidos o tratados de otro modo.

b) Los datos personales se hayan obtenido en relación con la oferta de servicios de la sociedad de la información.

c) Los datos personales hayan sido tratados ilícitamente.

d) Los datos personales sean necesarios para ejercer el derecho a la libertad de expresión e información.

Respuesta correcta: d) Los datos personales sean necesarios para ejercer el derecho a la libertad de expresión e información.

Según el artículo 17 del RGPD:

1. El interesado tendrá derecho a obtener sin dilación indebida del responsable del tratamiento la supresión de los datos personales que le conciernan, el cual estará obligado a suprimir sin dilación indebida los datos personales cuando concurra alguna de las circunstancias siguientes:

   a) los datos personales ya no sean necesarios en relación con los fines para los que fueron recogidos o tratados de otro modo;

   b) el interesado retire el consentimiento en que se basa el tratamiento de conformidad con el artículo 6, apartado 1, letra a), o el artículo 9, apartado 2, letra a), y este no se base en otro fundamento jurídico;

   c) el interesado se oponga al tratamiento con arreglo al artículo 21, apartado 1, y no prevalezcan otros motivos legítimos para el tratamiento, o el interesado se oponga al tratamiento con arreglo al artículo 21, apartado 2;

   d) los datos personales hayan sido tratados ilícitamente;

   e) los datos personales deban suprimirse para el cumplimiento de una obligación legal establecida en el Derecho de la Unión o de los Estados miembros que se aplique al responsable del tratamiento;

   f) los datos personales se hayan obtenido en relación con la oferta de servicios de la sociedad de la información mencionados en el artículo 8, apartado 1.

2. Cuando haya hecho públicos los datos personales y esté obligado, en virtud de lo dispuesto en el apartado 1, a suprimir dichos datos, el responsable del tratamiento, teniendo en cuenta la tecnología disponible y el coste de su aplicación, adoptará medidas razonables, incluidas medidas técnicas, con miras a informar a los responsables que estén tratando los datos personales de la solicitud del interesado de supresión de cualquier enlace a esos datos personales, o cualquier copia o réplica de los mismos.

3. Los apartados 1 y 2 no se aplicarán cuando el tratamiento sea necesario:

    a) para ejercer el derecho a la libertad de expresión e información;

    b) para el cumplimiento de una obligación legal que requiera el tratamiento de datos impuesta por el Derecho de la Unión o de los Estados miembros que se aplique al responsable del tratamiento, o para el cumplimiento de una misión realizada en interés público o en el ejercicio de poderes públicos conferidos al responsable;

    c) por razones de interés público en el ámbito de la salud pública de conformidad con el artículo 9, apartado 2, letras h) e i), y apartado 3;

    d) con fines de archivo en interés público, fines de investigación científica o histórica o fines estadísticos, de conformidad con el artículo 89, apartado 1, en la medida en que el derecho indicado en el apartado 1 pudiera hacer imposible u obstaculizar gravemente el logro de los objetivos de dicho tratamiento, o

    e) para la formulación, el ejercicio o la defensa de reclamaciones.

20. Señala la respuesta incorrecta. Conforme al artículo 22 del RGPD, en caso de que las decisiones individuales automatizadas sean necesarias para la ejecución de un contrato entre el interesado y un responsable del tratamiento, este deberá adoptar las medidas adecuadas para salvaguardar los derechos y libertades y los intereses legítimos del interesado, como mínimo el derecho:

a) A ser indemnizado.
b) A obtener intervención humana por parte del responsable.
c) A expresar su punto de vista.
d) A impugnar la decisión.

Respuesta correcta: a) A ser indemnizado.

Según el artículo 22 del RGPD:

1. Todo interesado tendrá derecho a no ser objeto de una decisión basada únicamente en el tratamiento automatizado, incluida la elaboración de perfiles, que produzca efectos jurídicos en él o le afecte significativamente de modo similar.

2. El apartado 1 no se aplicará si la decisión:

    a) es necesaria para la celebración o la ejecución de un contrato entre el interesado y un responsable del tratamiento;

b) está autorizada por el Derecho de la Unión o de los Estados miembros que se aplique al responsable del tratamiento y que establezca asimismo medidas adecuadas para salvaguardar los derechos y libertades y los intereses legítimos del interesado, o

c) se basa en el consentimiento explícito del interesado.

3. En los casos a que se refiere el apartado 2, letras a) y c), el responsable del tratamiento adoptará las medidas adecuadas para salvaguardar los derechos y libertades y los intereses legítimos del interesado, como mínimo el derecho a obtener intervención humana por parte del responsable, a expresar su punto de vista y a impugnar la decisión.

4. Las decisiones a que se refiere el apartado 2 no se basarán en las categorías especiales de datos personales contempladas en el artículo 9, apartado 1, salvo que se aplique el artículo 9, apartado 2, letra a) o g), y se hayan tomado medidas adecuadas para salvaguardar los derechos y libertades y los intereses legítimos del interesado.

Solución al test n.º 4

1. c) No podrá ser restringida ni prohibida por motivos relacionados con la protección de las personas físicas en lo que respecta al tratamiento de datos personales.

2. d) Al tratamiento total o parcialmente automatizado de datos personales, así como al tratamiento no automatizado de datos personales contenidos o destinados a ser incluidos en un fichero.

3. a) Al tratamiento de datos personales que no tenga lugar en la Unión Europea en el contexto de las actividades de un establecimiento del responsable o del encargado en la Unión Europea.

4. d) Datos biométricos.

5. d) Principio de minimización de datos.

6. d) Podrán dirigirse al responsable o encargado del tratamiento al objeto de solicitar el acceso a los datos personales de aquella y, en su caso, su rectificación o supresión.

7. c) Si se puede consentir libremente, del mismo modo, se puede retirar el consentimiento.

8. a) La formulación, el ejercicio o la defensa de reclamaciones.

9. d) Requiere que el tratamiento se efectúe por medios automatizados.

10. d) Sí, cuando lo solicite el interesado y se pueda demostrar su identidad por otros medios.

11. c) Otros dos meses.

12. c) Cuando el interesado impugne la exactitud de los datos personales, durante un plazo que permita al responsable verificar la exactitud de los mismos.

13. a) Cuando el tratamiento de datos personales tenga por objeto la mercadotecnia directa, el interesado tendrá derecho a oponerse en todo momento al tratamiento de los datos personales que le conciernan.

14. c) Autoridad de control.

15. b) Un Adjunto.

16. a) Al olvido.

17. a) El interesado tendrá derecho a conocer si sus datos de carácter personal están siendo tratados, qué datos son objeto de dicho tratamiento, la finalidad del mismo, el origen de los citados datos y si se han comunicado o se van a comunicar a un tercero.

18. c) Que el interesado se oponga al tratamiento de datos personales que tiene por objeto la mercadotecnia directa.

19. d) Los datos personales sean necesarios para ejercer el derecho a la libertad de expresión e información.

20. a) A ser indemnizado.

TEST N.º 5

Prevención de Riesgos Laborales en el ámbito sanitario. Ley 31/1995, de 8 de noviembre, de Prevención de Riesgos Laborales: Derechos y obligaciones

1. ¿Qué se entiende por "riesgo laboral"?

a) La posibilidad de que un trabajador sufra un determinado daño derivado del trabajo.
b) La posibilidad de que un trabajador sufra una enfermedad en el trabajo.
c) La posibilidad de que un trabajador sufra acoso.
d) El riesgo que supone el ir a trabajar.

2. ¿Quién debe garantizar a los trabajadores la vigilancia periódica de su estado de salud en función de los riesgos inherentes al trabajo?

a) La Inspección de Trabajo.
b) El propio trabajador.
c) El empresario.
d) Las secciones sindicales.

3. El derecho básico reconocido a los trabajadores por la Ley 31/1995, de 8 de noviembre, es:

a) La vigilancia de su estado de salud.
b) Una protección eficaz en materia de seguridad y salud en el trabajo.
c) La formación en materia preventiva.
d) La información, consulta y participación.

4. Indica cuál es la definición de prevención:

a) La probabilidad racional de que un riesgo se materialice de forma inminente.
b) El estudio de los procesos potencialmente peligrosos para el trabajo.
c) Conjunto de actividades o medidas adoptadas o previstas en todas las fases de actividad de la empresa con el fin de evitar o disminuir los riesgos derivados del trabajo.
d) Posibilidad de que un trabajador sufra un determinado daño derivado del trabajo.

5. En las empresas de hasta 30 trabajadores el Delegado de Prevención será:

a) El propio empresario.
b) El trabajador más antiguo.
c) El trabajador de mayor cualificación.
d) El delegado de personal.

6. ¿Debe el trabajador prestar su consentimiento para que le realicen vigilancia de la salud?

a) No.
b) Sí.
c) Depende del número de trabajadores de la empresa.
d) Esta prestación es solo para personal fijo en la empresa.

7. El art. 21 de la LPRL establece los requisitos y el procedimiento para que los representantes legales de los trabajadores acuerden la paralización de la actividad de los trabajadores que están o puedan estar expuestos a un riesgo grave e inminente si el empresario no adopta las medidas necesarias para garantizar la seguridad y salud de los trabajadores. La medida será adoptada por:

a) Acuerdo por mayoría absoluta de sus miembros. Tal acuerdo será comunicado de inmediato a la empresa y a la autoridad laboral, la cual, en el plazo de 48 horas, anulará o ratificará la paralización acordada.
b) Acuerdo por mayoría de 2/3 de sus miembros. Tal acuerdo será comunicado de inmediato a la empresa y a la autoridad laboral, la cual, en el plazo de 24 horas, anulará o ratificará la paralización acordada.
c) Acuerdo por mayoría de sus miembros. Tal acuerdo será comunicado de inmediato a la empresa y a la autoridad laboral, la cual, en el plazo de 48 horas, anulará o ratificará la paralización acordada.
d) Acuerdo por mayoría de sus miembros. Tal acuerdo será comunicado de inmediato a la empresa y a la autoridad laboral, la cual, en el plazo de 24 horas, anulará o ratificará la paralización acordada.

8. El art. 23 de la LPRL establece la documentación que el empresario debe elaborar y conservar a disposición de la autoridad laboral. En las siguientes no está incluido:

a) El Plan de prevención de riesgos laborales.
b) Evaluación de los riesgos para la seguridad y la salud en el trabajo.
c) La planificación de la actividad laboral.
d) La relación de accidentes de trabajo y enfermedades profesionales que hayan causado al trabajador una incapacidad laboral superior a un día de trabajo.

9. La prevención de riesgos laborales deberá integrarse en el sistema general de gestión de la empresa a través de:

a) La política preventiva.
b) El plan de prevención.
c) El consenso de las partes.
d) El poder de decisión del empresario.

10. En general, el peso máximo que se recomienda no sobrepasar en la manipulación manual de cargas es de:

a) 25 kg.
b) 30 kg.
c) 50 kg.
d) 20 kg.

11. Unas condiciones ideales de manipulación manual de cargas incluyen:

a) Levantamientos rápidos y continuados.
b) Espalda inclinada hacia delante.
c) Manejo de la carga sin giros ni inclinaciones.
d) Sujeción del objeto con una posición de la muñeca en ángulo de 90º.

12. En relación con la manipulación manual de cargas, la primera obligación del empresario es:

a) La formación e información de los trabajadores.
b) La vigilancia de la salud.
c) Evaluar los riesgos.
d) Evitar la manipulación manual.

13. El riesgo de lesión será menor:

a) Cuanto más alejada esté la carga del cuerpo.
b) Cuanto más se gire el tronco.
c) Cuanto menor sea la frecuencia de la manipulación.
d) Cuanto menor sea el tiempo de descanso entre manipulaciones.

14. Sobre la higiene de manos y uso correcto de guantes en los centros sanitarios, ¿cuál de las siguientes recomendaciones no es correcta?

a) Cuando se va a realizar un procedimiento quirúrgico se deben frotar las manos y antebrazos con jabón antiséptico durante el tiempo recomendado por el fabricante, generalmente entre 2 y 6 minutos. Mayor tiempo de frotamiento no es necesario.
b) Descontaminación de manos antes y después del contacto con piel intacta o ropa no manchada del paciente.

c) El uso de guantes evita la necesidad de descontaminación de manos.

d) No añadir jabón en un dispensador parcialmente vacío. Esta práctica del "relleno" puede provocar la contaminación bacteriana del jabón.

15. ¿En cuántos grados se realiza la valoración de los signos y síntomas que presentan los trabajadores/as expuestos/as a posturas forzadas?

a) 3.

b) 4.

c) 5.

d) 6.

En MADTEST tienes **más preguntas de este tema, comentadas y argumentadas**, y todos tus avances quedan registrados y se reflejan en el ranking.

¡Supera tus límites con MADTEST!

A continuación te presentamos algunos ejemplos de preguntas comentadas:

16. Señala la respuesta incorrecta:

a) La Ley de Prevención de Riesgos Laborales se aplica a los operativos de Seguridad civil en casos de catástrofe.

b) La Ley de Prevención de Riesgos Laborales se aplica a las sociedades cooperativas.

c) En el ámbito de la relación laboral de carácter especial del servicio del hogar familiar, las personas trabajadoras tienen derecho a una protección eficaz en materia de seguridad y salud en el trabajo.

d) En los establecimientos penitenciarios se adaptarán a la Ley de Prevención de Riesgos Laborales aquellas actividades cuyas características justifiquen una regulación especial.

Respuesta correcta: a) La Ley de Prevención de Riesgos Laborales se aplica a los operativos de Seguridad civil en casos de catástrofe.

Ley 31/1995, de 8 de noviembre, de prevención de Riesgos Laborales. CAPÍTULO I. Objeto, ámbito de aplicación y definiciones. Artículo 3. Ámbito de aplicación.

1. Esta Ley y sus normas de desarrollo serán de aplicación tanto en el ámbito de las relaciones laborales reguladas en el texto refundido de la Ley del Estatuto de los Trabajadores, como en el de las relaciones de carácter administrativo o estatutario del personal al servicio de las Administraciones Públicas, con las peculiaridades que, en este caso, se contemplan en la presente Ley o en sus normas de desarrollo…

2. La presente ley no será de aplicación en aquellas actividades cuyas particularidades lo impidan en el ámbito de las funciones públicas de:

– Policía, seguridad y resguardo aduanero.

– Servicios operativos de protección civil y peritaje forense en los casos de grave riesgo, catástrofe y calamidad pública.

– Fuerzas Armadas y actividades militares de la Guardia Civil.

No obstante, esta Ley inspirará la normativa específica que se dicte para regular la protección de la seguridad y la salud de los trabajadores que prestan sus servicios en las indicadas actividades.

3. En los centros y establecimientos militares será de aplicación lo dispuesto en la presente Ley, con las particularidades previstas en su normativa específica.

En los establecimientos penitenciarios, se adaptarán a la presente ley aquellas actividades cuyas características justifiquen una regulación especial, lo que se llevará a efecto en los términos señalados en la Ley 7/1990, de 19 de julio, sobre negociación colectiva y participación en la determinación de las condiciones de trabajo de los empleados públicos.

Según la **disposición adicional decimoctava** de la Ley 31/1995, en el ámbito de la relación laboral de carácter especial del servicio del hogar familiar, las personas trabajadoras tienen derecho a una protección eficaz en materia de seguridad y salud en el trabajo, especialmente en el ámbito de la prevención de la violencia contra las mujeres, teniendo en cuenta las características específicas del trabajo doméstico, en los términos y con las garantías que se prevean reglamentariamente a fin de asegurar su salud y seguridad.

17. Cuando los trabajadores estén expuestos a un riesgo grave e inminente con ocasión de su trabajo, y el empresario no adopte o no permita la adopción de las medidas necesarias para garantizar la seguridad y la salud de los trabajadores, la Ley 31/1995, de 8 de noviembre, de Prevención de Riesgos Laborales prevé que:

a) Los trabajadores afectados podrán paralizar la actividad.

b) El órgano de representación del personal instará formalmente al empresario a la adopción de las medidas necesarias.

c) Los Delegados de Prevención lo comunicarán a la autoridad laboral, que adoptará las medidas necesarias.

d) El órgano de representación de personal podrá acordar la paralización de la actividad.

Respuesta correcta: d) El órgano de representación de personal podrá acordar la paralización de la actividad.

Ley 31/1995, de 8 de noviembre, de prevención de Riesgos Laborales.

CAPÍTULO III. Derechos y obligaciones. Artículo 21. Riesgo grave e inminente.

1. Cuando los trabajadores estén o puedan estar expuestos a un riesgo grave e inminente con ocasión de su trabajo, el empresario estará obligado a:

a) Informar lo antes posible a todos los trabajadores afectados acerca de la existencia de dicho riesgo y de las medidas adoptadas o que, en su caso, deban adoptarse en materia de protección.

b) Adoptar las medidas y dar las instrucciones necesarias para que, en caso de peligro grave, inminente e inevitable, los trabajadores puedan interrumpir su actividad y, si fuera necesario, abandonar de inmediato el lugar de trabajo. En este supuesto no podrá exigirse a los trabajadores que reanuden su actividad mientras persista el peligro, salvo excepción debidamente justificada por razones de seguridad y determinada reglamentariamente.

c) Disponer lo necesario para que el trabajador que no pudiera ponerse en contacto con su superior jerárquico, ante una situación de peligro grave e inminente para su seguridad, la de otros trabajadores o la de terceros a la empresa, esté en condiciones, habida cuenta de sus conocimientos y de los medios técnicos puestos a su disposición, de adoptar las medidas necesarias para evitar las consecuencias de dicho peligro.

2. De acuerdo con lo previsto en el apartado 1 del artículo 14 de la presente Ley, el trabajador tendrá derecho a interrumpir su actividad y abandonar el lugar de trabajo, en caso necesario, cuando considere que dicha actividad entraña un riesgo grave e inminente para su vida o su salud.

3. Cuando en el caso a que se refiere el apartado 1 de este artículo el empresario no adopte o no permita la adopción de las medidas necesarias para garantizar la seguridad y la salud de los trabajadores, los representantes legales de estos podrán acordar, por mayoría de sus miembros, la **paralización de la actividad de los trabajadores afectados por dicho riesgo**. Tal acuerdo será comunicado de inmediato a la empresa y a la autoridad laboral, la cual, en el plazo de veinticuatro horas, anulará o ratificará la paralización acordada.

El acuerdo a que se refiere el párrafo anterior podrá ser adoptado por decisión mayoritaria de los Delegados de Prevención cuando no resulte posible reunir con la urgencia requerida al órgano de representación del personal.

18. El art. 29 de la LPRL establece las obligaciones de los trabajadores en materia de prevención de riesgos. De las siguientes no se considera una obligación del trabajador:

a) Utilizar correctamente los medios y equipos de protección facilitados por el empresario, de acuerdo con las instrucciones recibidas de este.

b) Usar adecuadamente, de acuerdo con su naturaleza y los riesgos previsibles, las máquinas, aparatos, herramientas, sustancias peligrosas, equipos de transporte y, en general, cualesquiera otros medios con los que desarrollen su actividad.

c) Informar de inmediato a su superior jerárquico directo, y a los trabajadores designados para realizar las actualizaciones que consideren oportunas en el equipo de protección individual.

d) No poner fuera de funcionamiento y utilizar correctamente los dispositivos de seguridad existentes o que se instalen en los medios relacionados con su actividad o en los lugares de trabajo en los que esta tenga lugar.

Respuesta correcta: c) Informar de inmediato a su superior jerárquico directo, y a los trabajadores designados para realizar las actualizaciones que consideren oportunas en el equipo de protección individual.

Ley 31/1995, de 8 de noviembre, de prevención de Riesgos Laborales. CAPÍTULO III. Derechos y obligaciones. Artículo 29. Obligaciones de los trabajadores en materia de prevención de riesgos.

1. (…)

2. Los trabajadores, con arreglo a su formación y siguiendo las instrucciones del empresario, deberán en particular:

1.º Usar adecuadamente, de acuerdo con su naturaleza y los riesgos previsibles, las máquinas, aparatos, herramientas, sustancias peligrosas, equipos de transporte y, en general, cualesquiera otros medios con los que desarrollen su actividad.

2.º Utilizar correctamente los medios y equipos de protección facilitados por el empresario, de acuerdo con las instrucciones recibidas de este.

3.º No poner fuera de funcionamiento y utilizar correctamente los dispositivos de seguridad existentes o que se instalen en los medios relacionados con su actividad o en los lugares de trabajo en los que esta tenga lugar.

4.º Informar de inmediato a su superior jerárquico directo, y a los trabajadores designados para realizar actividades de protección y de prevención o, en su caso, al servicio de prevención, acerca de cualquier situación que, a su juicio, entrañe, por motivos razonables, un riesgo para la seguridad y la salud de los trabajadores.

5.º Contribuir al cumplimiento de las obligaciones establecidas por la autoridad competente con el fin de proteger la seguridad y la salud de los trabajadores en el trabajo.

6.º Cooperar con el empresario para que este pueda garantizar unas condiciones de trabajo que sean seguras y no entrañen riesgos para la seguridad y la salud de los trabajadores.

3. (…)

19. El Real Decreto 664/1997, de 12 de mayo, sobre la protección de los trabajadores contra los riesgos relacionados con la exposición a agentes biológicos durante el trabajo clasifica como agente biológico del grupo 2:

a) Aquel que resulta poco probable que cause una enfermedad en el hombre.

b) Aquel que causando una enfermedad grave en el hombre supone un serio peligro para los trabajadores, con muchas probabilidades de que se propague a la colectividad y sin que exista generalmente una profilaxis o un tratamiento eficaz.

c) Aquel que puede causar una enfermedad grave en el hombre y presenta un serio peligro para los trabajadores, con riesgo de que se propague a la colectividad y existiendo generalmente una profilaxis o tratamiento eficaz.

d) Aquel que puede causar una enfermedad en el hombre y puede suponer un peligro para los trabajadores, siendo poco probable que se propague a la colectividad y existiendo generalmente profilaxis o tratamiento eficaz.

Respuesta correcta: d) Aquel que puede causar una enfermedad en el hombre y puede suponer un peligro para los trabajadores, siendo poco probable que se propague a la colectividad y existiendo generalmente profilaxis o tratamiento eficaz.

Según el artículo 3 del Real Decreto 664/1997, los agentes biológicos se clasifican, en función del riesgo de infección, en cuatro grupos:

a) Agente biológico del grupo 1: aquel que resulta poco probable que cause una enfermedad en el hombre.

b) Agente biológico del grupo 2: aquel que puede causar una enfermedad en el hombre y puede suponer un peligro para los trabajadores, siendo poco probable que se propague a la colectividad y existiendo generalmente profilaxis o tratamiento eficaz.

c) Agente biológico del grupo 3: aquel que puede causar una enfermedad grave en el hombre y presenta un serio peligro para los trabajadores, con riesgo de que se propague a la colectividad y existiendo generalmente una profilaxis o tratamiento eficaz.

d) Agente biológico del grupo 4: aquel que causando una enfermedad grave en el hombre supone un serio peligro para los trabajadores, con muchas probabilidades de que se propague a la colectividad y sin que exista generalmente una profilaxis o un tratamiento eficaz.

20. En trabajos temporales en altura, los equipos de trabajo, con excepción de las escaleras de mano y sistema de cuerdas, deberán disponer de sistemas de protección colectiva cuando exista un riesgo de caída de una altura de más de (a partir de):

a) 1 metro.
b) 2 metros.
c) 4 metros.
d) 6 metros.

Respuesta correcta: b) 2 metros.

Según el punto 6 del Anexo I: disposiciones mínimas aplicables a los equipos de trabajo, del Real Decreto 1215/1997, de 18 de julio, por el que se establecen las disposiciones mínimas de seguridad y salud para la utilización por los trabajadores de los equipos de trabajo, si fuera necesario para la seguridad o salud de los trabajadores, los equipos de trabajo y sus elementos deberán estar estabilizados por fijación o por otros medios. Los equipos de trabajo cuya utilización prevista requiera que los trabajadores se sitúen sobre ellos deberán disponer de los medios adecuados para garantizar que el acceso y permanencia en esos equipos no suponga un riesgo para su seguridad y salud.

En particular, salvo en el caso de las escaleras de mano y de los sistemas utilizados en las técnicas de acceso y posicionamiento mediante cuerdas, cuando exista un riesgo de caída de altura de más de dos metros, los equipos de trabajo deberán disponer de barandillas o de cualquier otro sistema de protección colectiva que proporcione una seguridad equivalente.

Las barandillas deberán ser resistentes, de una altura mínima de 90 centímetros y, cuando sea necesario para impedir el paso o deslizamiento de los trabajadores o para evitar la caída de objetos, dispondrán, respectivamente, de una protección intermedia y de un rodapiés.

Solución al test n.º 5

1. a) La posibilidad de que un trabajador sufra un determinado daño derivado del trabajo.

2. c) El empresario.

3. b) Una protección eficaz en materia de seguridad y salud en el trabajo.

4. c) Conjunto de actividades o medidas adoptadas o previstas en todas las fases de actividad de la empresa con el fin de evitar o disminuir los riesgos derivados del trabajo.

5. d) El delegado de personal.

6. b) Sí.

7. d) Acuerdo por mayoría de sus miembros. Tal acuerdo será comunicado de inmediato a la empresa y a la autoridad laboral, la cual, en el plazo de 24 horas, anulará o ratificará la paralización acordada.

8. c) La planificación de la actividad laboral.

9. b) El plan de prevención.

10. a) 25 kg.

11. c) Manejo de la carga sin giros ni inclinaciones.

12. d) Evitar la manipulación manual.

13. c) Cuanto menor sea la frecuencia de la manipulación.

14. c) El uso de guantes evita la necesidad de descontaminación de manos.

15. c) 5.

16. a) La Ley de Prevención de Riesgos Laborales se aplica a los operativos de Seguridad civil en casos de catástrofe.

17. d) El órgano de representación de personal podrá acordar la paralización de la actividad.

18. c) Informar de inmediato a su superior jerárquico directo, y a los trabajadores designados para realizar las actualizaciones que consideren oportunas en el equipo de protección individual.

19. d) Aquel que puede causar una enfermedad en el hombre y puede suponer un peligro para los trabajadores, siendo poco probable que se propague a la colectividad y existiendo generalmente profilaxis o tratamiento eficaz.

20. b) 2 metros.

TEST N.º 6

Ley 14/1986, de 25 de abril, General de Sanidad. Organización de los servicios sanitarios en España. Niveles Asistenciales. Ordenación de la Asistencia Primaria y Especializada

1. De acuerdo con la Constitución española, para las profesiones sanitarias:

a) No es necesario más que una formación básica.
b) El ejercicio solo será posible en ámbito público.
c) El ejercicio solo será posible en ámbito estatal.
d) Se reconoce el derecho al ejercicio libre.

2. En el ámbito sanitario:

a) No existe la libertad de empresa.
b) Se reconoce la libertad de empresa.
c) No es aplicable la libertad de empresa, porque se sustenta en el sistema público.
d) Está prohibida la libertad de empresa.

3. Las Administraciones públicas sanitarias:

a) Pueden establecer conciertos para la prestación de servicios sanitarios con medios ajenos a ellas, en el ámbito de sus respectivas competencias.
b) Pueden establecer conciertos para la prestación de servicios sanitarios con medios ajenos a ellas, siempre que lo consideren necesario.
c) No pueden establecer conciertos para la prestación de servicios sanitarios con medios ajenos a ellas.
d) Pueden establecer conciertos para la prestación de servicios sanitarios con medios ajenos a ellas, siempre que se trate de una administración de carácter estatal.

4. La Administración sanitaria de la Comunidad de Extremadura está pensando en celebrar un concierto para la prestación de servicios sanitarios con medios ajenos a la misma. Le consulta a usted, que le indica que:

a) Esto no es posible, porque no tiene competencia para ello.
b) Esto no es posible porque se trata de una Comunidad Autónoma.

c) Esto es posible en el ámbito de las competencias de la misma.

d) Esto no es posible, dado que no se permite celebrar conciertos de estas características.

5. La Administración sanitaria de la Comunidad Valenciana está pensando en celebrar un concierto para la prestación de servicios sanitarios con medios ajenos a la misma. Le consulta a usted, que le indica que:

a) Esto no es posible, porque no tiene competencia para ello.

b) Esto no es posible porque se trata de una Comunidad Autónoma.

c) Esto es posible en el ámbito de las competencias de la misma.

d) Esto no es posible, dado que no se permite celebrar conciertos de estas características.

6. Una vez superadas las posibilidades de diagnóstico y tratamiento de la atención primaria, los usuarios del Sistema Nacional de Salud tienen derecho, en el marco de su Área de Salud, a ser atendidos en:

a) Los servicios especializados hospitalarios.

b) Los hospitales regionales.

c) Los servicios generales.

d) Los servicios específicos.

7. La atención primaria integral de salud incluye:

a) Las acciones curativas.

b) La asistencia domiciliaria.

c) La hospitalización.

d) La rehabilitación.

8. La atención primaria integral de salud incluye:

a) Las acciones curativas.

b) La asistencia domiciliaria.

c) Las acciones para la promoción de la salud.

d) Son correctas las respuestas a) y c).

9. La asistencia sanitaria especializada incluye:

a) La hospitalización.

b) La asistencia domiciliaria.

c) La rehabilitación.

d) Todas las respuestas anteriores son correctas.

10. La ordenación territorial de los Servicios de Salud será competencia de:

a) Las comunidades autónomas.

b) Las diputaciones.

c) Los ayuntamientos.
d) Las provincias.

11. Son las estructuras fundamentales del sistema sanitario, responsabilizadas de la gestión unitaria de los centros y establecimientos del Servicio de Salud de la Comunidad Autónoma en su demarcación territorial y de las prestaciones sanitarias y programas sanitarios a desarrollar por ellos:

a) Área de Salud.
b) Departamentos de Salud.
c) Unidades de Salud.
d) Laboratorios.

12. Indica la respuesta correcta. En el ámbito de la atención primaria de salud:

a) Se atiende al individuo.
b) No se atiende a la familia.
c) No se atiende a la comunidad.
d) Realiza funciones de curación pero no de rehabilitación.

13. Las Áreas de Salud serán dirigidas por un órgano propio, donde deberán participar las Corporaciones Locales en ellas situadas con una representación no inferior:

a) Al 10 por 100, dentro de las directrices y programas generales sanitarios establecidos por la Comunidad Autónoma.
b) Al 20 por 100, dentro de las directrices y programas generales sanitarios establecidos por la Comunidad Autónoma.
c) Al 40 por 100, dentro de las directrices y programas generales sanitarios establecidos por la Comunidad Autónoma.
d) Al 60 por 100, dentro de las directrices y programas generales sanitarios establecidos por la Comunidad Autónoma.

14. El Gerente del Área de salud:

a) Será nombrado y cesado por la Dirección del Servicio de Salud de la Comunidad Autónoma, a propuesta del Consejo de Dirección del Área.
b) Será nombrado y cesado por el Consejo de Dirección del Área, a propuesta de la Dirección del Servicio de Salud de la Comunidad Autónoma.
c) Será nombrado y cesado por el Consejero de Sanidad.
d) Será nombrado y cesado por el Consejero de Trabajo.

15. ¿Cuál de las siguientes forma parte de la atención especializada?

a) Las vacunaciones recomendadas en los programas de los servicios de salud.
b) La detección de factores de riesgo, cuando existan medidas de eficacia comprobada para eliminarlos o reducirlos.

c) La educación, la atención y asistencias sanitarias a enfermos con procesos crónicos.

d) La atención de la salud mental y la asistencia psiquiátrica, que incluye el diagnóstico y seguimiento clínico, la psicofarmacoterapia y las psicoterapias individuales, de grupo o familiares.

En MADTEST tienes **más preguntas de este tema, comentadas y argumentadas**, y todos tus avances quedan registrados y se reflejan en el ranking.

¡Supera tus límites con MADTEST!

A continuación te presentamos algunos ejemplos de preguntas comentadas:

16. La Administración sanitaria:

a) Debe propiciar la actuación coordinada con el sistema sanitario público.

b) No tiene por qué facilitar la libre actividad de las Asociaciones de usuarios de la Sanidad.

c) No tiene por qué facilitar la libre actividad de las Entidades sin ánimo de lucro.

d) No tiene por qué facilitar la libre actividad a cooperativas de tipo sanitario.

Respuesta correcta: a) Debe propiciar la actuación coordinada con el sistema sanitario público.

El artículo 92.1 de la Ley General de Sanidad dispone que "La Administración sanitaria facilitará la libre actividad de las Asociaciones de usuarios de la Sanidad, de las Entidades sin ánimo de lucro y Cooperativas de tipo sanitario, de acuerdo con la legislación aplicable, propiciando su actuación coordinada con el sistema sanitario público."

17. Las actuaciones de las Administraciones públicas sanitarias estarán orientadas:

a) A la promoción de la salud.

b) A garantizar que cuantas acciones sanitarias se desarrollen estén dirigidas a la prevención de las enfermedades y no sólo a la curación de las mismas.

c) A promover las acciones necesarias para la rehabilitación funcional y reinserción social del paciente.

d) Todas las respuestas anteriores son correctas.

Respuesta correcta: d) Todas las respuestas anteriores son correctas.

El artículo 6.1 de la Ley General de Sanidad dispone que "1. Las actuaciones de las Administraciones públicas sanitarias estarán orientadas:

1. A la promoción de la salud.

2. A promover el interés individual, familiar y social por la salud mediante la adecuada educación sanitaria de la población.

3. A garantizar que cuantas acciones sanitarias se desarrollen estén dirigidas a la pre-vención de las enfermedades y no sólo a la curación de las mismas.

4. A garantizar la asistencia sanitaria en todos los casos de pérdida de la salud.

5. A promover las acciones necesarias para la rehabilitación funcional y reinserción social del paciente."

18. Las autoridades sanitarias propondrán o participarán con otros Departa-mentos en la elaboración y ejecución de la legislación sobre:

a) Calidad del aire.
b) Aguas.
c) Sustancias tóxicas y peligrosas.
d) Todas las respuestas anteriores son correctas.

Respuesta correcta: d) Todas las respuestas anteriores son correctas.

El artículo 19 de la Ley General de Sanidad dispone que "las autoridades sanitarias propondrán o participarán con otros Departamentos en la elaboración y ejecución de la legislación sobre:

a)   Calidad del aire.

b)   Aguas.

c)   Alimentos e industrias alimentarias.

d)   Residuos orgánicos sólidos y líquidos.

e)   El suelo y subsuelo.

f)   Las distintas formas de energía.

g)   Transporte colectivo.

h)   Sustancias tóxicas y peligrosas.

i)   La vivienda y el urbanismo.

j)   El medio escolar y deportivo.

k)   El medio laboral.

l)   Lugares, locales e instalaciones de esparcimiento público.

m) Cualquier otro aspecto del medio ambiente relacionado con la salud."

19. Es una función del Consejo de Dirección:

a) La aprobación de la Memoria anual del Área de Salud.

b) La determinación de fines u objetivos mínimos comunes en materia de prevención, protección, promoción y asistencia sanitaria.

c) El marco de actuaciones y prioridades para alcanzar un sistema sanitario coherente, armónico y solidario.

d) El establecimiento con carácter general de criterios mínimos básicos y comunes de evaluación de la eficacia y rendimiento de los programas, centros o servicios sanitarios.

Respuesta correcta: a) La aprobación de la Memoria anual del Área de Salud.

El artículo 59.3 de la Ley General de Sanidad dispone que "Serán funciones del Consejo de Dirección:

a) La propuesta de nombramiento y cese del gerente del Área de Salud.

b) La aprobación del proyecto del Plan de Salud del Área, dentro de las normas, directrices y programas generales establecidos por la Comunidad Autónoma.

c) La aprobación de la Memoria anual del Área de Salud.

d) El establecimiento de los criterios generales de coordinación en el Área de Salud.

e) La aprobación de las prioridades específicas del Área de Salud.

f) La aprobación del anteproyecto y de los ajustes anuales del Plan de Salud del Área.

g) L*a elaboración del Reglamento del Consejo de Dirección y del Consejo de Salud del Área, dentro de las directrices generales que establezca la Comunidad Autónoma.".*

20. Con carácter general, la atención primaria comprenderá:

a) La asistencia sanitaria en las consultas, servicios y centros de salud.
b) La asistencia sanitaria en el domicilio del enfermo.
c) La administración de tratamientos parenterales y curas y cirugía menor.
d) Todas las respuestas anteriores son correctas.

Respuesta correcta: d) Todas las respuestas anteriores son correctas.

El ANEXO I del Real Decreto 63/1995, de 20 de enero, sobre ordenación de prestaciones sanitarias del Sistema Nacional de Salud, dispone que "2. Atención primaria.

Con carácter general, la atención primaria comprenderá:

a) La asistencia sanitaria en las consultas, servicios y centros de salud.

b) La asistencia sanitaria en el domicilio del enfermo.

c) La indicación o prescripción, y la realización en su caso, por el médico de atención primaria, de las pruebas y medios diagnósticos básicos.

d) Las actividades, programadas por los servicios de salud, en materia de educación sanitaria, vacunaciones, exámenes de salud y otras actividades o medidas programadas para la prevención de las enfermedades, la promoción de la salud o la rehabilitación.

e) La administración de tratamientos parenterales y curas y cirugía menor.

f) Las demás atenciones, prestaciones y servicios que se señalan o concretan a continuación.

Solución al test n.º 6

1. d) Se reconoce el derecho al ejercicio libre.

2. b) Se reconoce la libertad de empresa.

3. a) Pueden establecer conciertos para la prestación de servicios sanitarios con medios ajenos a ellas, en el ámbito de sus respectivas competencias.

4. c) Esto es posible en el ámbito de las competencias de la misma.

5. c) Esto es posible en el ámbito de las competencias de la misma.

6. a) Los servicios especializados hospitalarios.

7. a) Las acciones curativas.

8. d) Son correctas las respuestas a) y c).

9. d) Todas las respuestas anteriores son correctas.

10. a) Las comunidades autónomas.

11. a) Área de Salud.

12. a) Se atiende al individuo.

13. c) Al 40 por 100, dentro de las directrices y programas generales sanitarios establecidos por la Comunidad Autónoma.

14. a) Será nombrado y cesado por la Dirección del Servicio de Salud de la Comunidad Autónoma, a propuesta del Consejo de Dirección del Área.

15. d) La atención de la salud mental y la asistencia psiquiátrica, que incluye el diagnóstico y seguimiento clínico, la psicofarmacoterapia y las psicoterapias individuales, de grupo o familiares.

16. a) Debe propiciar la actuación coordinada con el sistema sanitario público.

17. d) Todas las respuestas anteriores son correctas.

18. d) Todas las respuestas anteriores son correctas.

19. a) La aprobación de la Memoria anual del Área de Salud.

20. d) Todas las respuestas anteriores son correctas.

TEST N.º 7

**Derechos y obligaciones en materia de información y
documentación clínica. Ley 41/2002, de 14 de noviembre, básica
reguladora de la Autonomía del Paciente y de derechos
y obligaciones en materia de información y documentación clínica.
El consentimiento informado. La historia clínica**

1. Cuando hablamos de la expresión: "toda persona tiene derecho a que se respete el carácter confidencial de los datos referentes a su salud, y a que nadie pueda acceder a ellos sin previa autorización, según indica la Ley 41/2002", ¿a qué tipo de derecho nos referimos?

a) Derecho de información.
b) Derecho asistencial.
c) Derecho a la intimidad.
d) Derecho a la formación.

2. ¿Quién es el titular del derecho a la información asistencial?

a) El facultativo, en todos los casos.
b) El paciente.
c) Todo aquel que tenga el tiempo cotizado suficientemente.
d) Cualquier trabajador del ámbito sanitario que previamente lo solicite.

3. La Ley 41/2002 tiene por objeto la regulación de los derechos y obligaciones de los pacientes, usuarios y profesionales, así como de los centros y servicios sanitarios ...., en materia de autonomía del paciente y de información y documentación clínica. ¿Cuál de las siguientes opciones completa correctamente la frase?

a) Públicos.
b) Públicos y concertados.
c) Privados.
d) Públicos y privados.

4. Señala la respuesta incorrecta en relación con los principios básicos recogidos en la Ley 41/2002:

a) El paciente o usuario tiene derecho a decidir libremente, después de recibir la información adecuada, entre las opciones clínicas disponibles.

b) Todo paciente o usuario tiene derecho a negarse al tratamiento, excepto en los casos determinados en la ley. Su negativa al tratamiento constará por escrito.

c) El consentimiento, que debe obtenerse después de que el paciente reciba una información adecuada, se hará siempre por escrito.

d) Toda actuación en el ámbito de la sanidad requiere, con carácter general, el previo consentimiento de los pacientes o usuarios.

5. La información clínica, debe tener una serie de características plasmadas en el artículo 4.2. de la Ley 41/2002. Señala cuál de los siguientes es incorrecto:

a) Forma parte de todas las actuaciones asistenciales.

b) Será verdadera.

c) Se comunicará al paciente en un lenguaje técnico y adecuado a sus necesidades de conocer exactamente su estado.

d) Ayudará al paciente a tomar decisiones de acuerdo con su propia y libre voluntad.

6. El derecho a la información sanitaria de los pacientes puede limitarse por la existencia acreditada de un estado de necesidad terapéutica. Se entenderá por necesidad terapéutica la facultad del médico para actuar profesionalmente sin informar antes al paciente, cuando:

a) Por razones objetivas el conocimiento de su propia situación pueda perjudicar su salud de manera grave.

b) Según el criterio del médico que le asiste, el paciente carezca de capacidad para entender la información a causa de su estado físico o psíquico.

c) Razones de urgencia para la vida del paciente obligan al facultativo a intervenir sin esperar su consentimiento o el de sus familiares.

d) El conocimiento de su situación pueda repercutir, en opinión del médico que le asiste, en un bajo estado de ánimo del paciente.

7. La Ley 41/2002, básica reguladora de la autonomía del paciente y de derechos y obligaciones en materia de información y documentación clínica garantiza la confidencialidad de la información relacionada con los servicios sanitarios que se prestan y:

a) Las prestaciones económicas correspondientes.

b) El secreto de los archivos de datos referidos a la salud.

c) Con los profesionales que intervienen en el proceso.

d) Sin ningún tipo de discriminación.

8. Conforme al artículo 2.4 de la Ley 41/2002, básica reguladora de la autonomía del paciente y de derechos y obligaciones en materia de información y documentación clínica:

a) Todo paciente o usuario tiene siempre derecho a negarse al tratamiento. Su negativa al tratamiento constará por escrito.

b) Todo paciente o usuario tiene derecho a negarse al tratamiento en los casos determinados en la ley. Su negativa al tratamiento constará por escrito.

c) Todo paciente o usuario tiene derecho a negarse al tratamiento, excepto en los casos determinados en la ley. Su negativa al tratamiento constará por escrito.

d) Todo paciente o usuario tiene derecho a negarse al tratamiento, excepto en los casos determinados reglamentariamente. Su negativa al tratamiento podrá constar por escrito.

9. Conforme al artículo 4.2 de la Ley 41/2002, básica reguladora de la autonomía del paciente y de derechos y obligaciones en materia de información y documentación clínica:

a) La información clínica forma parte de todas las actuaciones asistenciales, será adecuada a sus necesidades, se comunicará al paciente de forma comprensible y verdadera y le ayudará a tomar decisiones acertadas.

b) La información clínica forma parte de todas las actuaciones asistenciales, será de acuerdo con su propia y libre voluntad, se comunicará al paciente de forma comprensible y verdadera y le ayudará a tomar decisiones adecuadas a sus necesidades.

c) La información clínica forma parte de todas las actuaciones asistenciales, será verdadera, se comunicará al paciente de forma comprensible y adecuada a sus necesidades y le ayudará a tomar decisiones de acuerdo con su propia y libre voluntad.

d) La información clínica forma parte de las actuaciones a tomar de acuerdo con la propia y libre voluntad del paciente, será comprensible, y se le comunicará de forma adecuada a sus necesidades de forma separada a las actuaciones asistenciales ayudándole a tomar decisiones de acuerdo con su propia y libre voluntad.

10. Conforme al artículo 5.2 de la Ley 41/2002, básica reguladora de la autonomía del paciente y de derechos y obligaciones en materia de información y documentación clínica:

a) El paciente será informado, incluso en caso de incapacidad, de modo adecuado a sus posibilidades de comprensión, cumpliendo con el deber de informar también a su representante legal.

b) El paciente será informado, excepto en caso de incapacidad, de modo adecuado a sus posibilidades de comprensión, cumpliendo con el deber de informar también a su representante legal.

c) El paciente será informado, incluso en caso de incapacidad, de modo adecuado a sus posibilidades de comprensión, evitando así el deber de informar también a su representante legal.

d) El paciente será siempre informado, excepto en caso de incapacidad en que lo será, de modo adecuado a sus posibilidades de comprensión, su representante legal.

11. No es necesario que el consentimiento se preste por escrito en el siguiente caso:

a) Intervención quirúrgica.

b) Procedimientos que suponen riesgos o inconvenientes de notoria y previsible repercusión negativa sobre la salud del paciente.

c) Procedimientos diagnósticos y terapéuticos invasores.

d) Desacuerdo entre el paciente y sus familiares más allegados.

12. Según la Ley 41/2002, de 14 de noviembre, la declaración escrita de un médico que dé fe del estado de salud de una persona en un determinado momento, es:

a) Una historia clínica.

b) Una información clínica.

c) Un documento sanitario.

d) Un certificado médico.

13. El derecho a la información sanitaria de los pacientes puede limitarse por la existencia acreditada de un estado de necesidad terapéutica. Se entenderá por *necesidad terapéutica* la facultad del médico para actuar profesionalmente sin informar antes al paciente, cuando:

a) Por razones objetivas el conocimiento de su propia situación pueda perjudicar su salud de manera grave.

b) Según el criterio del médico que le asiste, el paciente carezca de capacidad para entender la información a causa de su estado físico o psíquico.

c) Razones de urgencia para la vida del paciente obligan al facultativo a intervenir sin esperar su consentimiento o el de sus familiares.

d) El conocimiento de su situación pueda repercutir, en opinión del médico que le asiste, en un bajo estado de ánimo del paciente.

14. Según el artículo 7.1 de la LO 3/2018, el tratamiento de los datos personales de un menor de edad únicamente podrá fundarse en su consentimiento cuando sea mayor de:

a) 12 años.

b) 13 años.

c) 14 años.

d) 16 años.

15. Conforme al artículo 5.1 de la LO 3/2018, estarán sujetas al deber de confidencialidad:

a) Únicamente los responsables del tratamiento.

b) Los responsables y encargados del tratamiento.

c) Los responsables y encargados del tratamiento de datos así como todas las personas que intervengan en cualquier fase de este.

d) Los responsables y encargados del tratamiento de datos así como todas las personas que intervengan en todas las fases de este.

En MADTEST tienes **más preguntas de este tema, comentadas y argumentadas**, y todos tus avances quedan registrados y se reflejan en el ranking.

¡Supera tus límites con MADTEST!

A continuación te presentamos algunos ejemplos de preguntas comentadas:

16. Según la Ley 41/2002, toda la actividad encaminada a obtener, utilizar, archivar, custodiar y transmitir la información y la documentación clínica estará orientada por varios principios básicos, entre los cuales no figura:

a) La dignidad de la persona humana.
b) El respeto a la autonomía de su voluntad.
c) El derecho a la buena imagen.
d) El respeto a su intimidad.

Respuesta correcta: c) El derecho a la buena imagen.

Los principios básicos que enuncia la Ley 41/2002 en su artículo 2 son:

1. La dignidad de la persona humana, el respeto a la autonomía de su voluntad y a su intimidad orientarán toda la actividad encaminada a obtener, utilizar, archivar, custodiar y transmitir la información y la documentación clínica.

2. Toda actuación en el ámbito de la sanidad requiere, con carácter general, el previo consentimiento de los pacientes o usuarios. El consentimiento, que debe obtenerse después de que el paciente reciba una información adecuada, se hará por escrito en los supuestos previstos en la ley.

3. El paciente o usuario tiene derecho a decidir libremente, después de recibir la información adecuada, entre las opciones clínicas disponibles.

4. Todo paciente o usuario tiene derecho a negarse al tratamiento, excepto en los casos determinados en la ley. Su negativa al tratamiento constará por escrito.

5. Los pacientes o usuarios tienen el deber de facilitar los datos sobre su estado físico o sobre su salud de manera leal y verdadera, así como el de colaborar en su obtención, especialmente cuando sean necesarios por razones de interés público o con motivo de la asistencia sanitaria.

6. Todo profesional que interviene en la actividad asistencial está obligado no solo a la correcta prestación de sus técnicas, sino al cumplimiento de los deberes de información y de documentación clínica, y al respeto de las decisiones adoptadas libre y voluntariamente por el paciente.

7. La persona que elabore o tenga acceso a la información y la documentación clínica está obligada a guardar la reserva debida.

17. Los pacientes tiene derecho a conocer, con motivo de cualquier actuación en el ámbito de la salud, toda información disponible sobre la misma, salvando los supuestos excepcionados por la Ley 41/2002. Como regla general, la información ha de ser proporcionada al paciente:

a) De forma verbal.
b) Por escrito.
c) Por vía telemática.
d) Por vía postal.

Respuesta correcta: a) De forma verbal.

Según el artículo 4.1 de la Ley 41/2002, los pacientes tienen derecho a conocer, con motivo de cualquier actuación en el ámbito de su salud, toda la información disponible sobre la misma, salvando los supuestos exceptuados por la ley. Además, toda persona tiene derecho a que se respete su voluntad de no ser informada. La información, que **como regla general se proporcionará verbalmente** dejando constancia en la historia clínica, comprende, como mínimo, la finalidad y la naturaleza de cada intervención, sus riesgos y sus consecuencias.

18. El documento emitido por el médico responsable en un centro sanitario al finalizar cada proceso asistencial de un paciente, que especifica los datos de este, un resumen de su historial clínico, la actividad asistencial prestada, el diagnóstico y las recomendaciones terapéuticas, se llama:

a) Historia clínica.
b) Documentación clínica actualizada.
c) Diagnóstico clínico.
d) Informe de alta médica.

Respuesta correcta: d) Informe de alta médica.

Según el artículo 3 de la Ley 41/2002, a efectos de esta ley, se entiende por informe de alta médica el documento emitido por el médico responsable en un centro sanitario al finalizar cada proceso asistencial de un paciente, que especifica los datos de este, un resumen de su historial clínico, la actividad asistencial prestada, el diagnóstico y las recomendaciones terapéuticas.

19. Según el artículo 8.1 de la LO 3/2018, el tratamiento de datos personales solo podrá considerarse fundado en el cumplimiento de una obligación legal exigible al responsable:

a) Cuando así lo prevea una norma de Derecho de la Unión Europea o una norma con rango de ley.
b) Cuando el tratamiento se considere una misión realizada en interés público.
c) Cuando se trate del ejercicio de poderes públicos conferidos al responsable.
d) Cuando el responsable sea un órgano u organismo público.

Respuesta correcta: a) Cuando así lo prevea una norma de Derecho de la Unión Europea o una norma con rango de ley.

Según el artículo 8.1 de la LO 3/2018, el tratamiento de datos personales solo podrá considerarse fundado en el cumplimiento de una obligación legal exigible al responsable, en los términos previstos en el artículo 6.1.c) del Reglamento (UE) 2016/679, cuando así lo prevea una norma de Derecho de la Unión Europea o una norma con rango de ley, que podrá determinar las condiciones generales del tratamiento y los tipos de datos objeto del mismo así como las cesiones que procedan como consecuencia del cumplimiento de la obligación legal. Dicha norma podrá igualmente imponer condiciones especiales al tratamiento, tales como la adopción de medidas adicionales de seguridad u otras establecidas en el capítulo IV del Reglamento (UE) 2016/679.

20. Conforme al artículo 9 de la *LO 3/2018, de 5 de diciembre, de Protección de Datos Personales y garantía de los derechos digitales*, cuál de los siguientes tratamientos de categorías especiales de datos fundados en el Derecho español deberá estar amparado en una norma con rango de ley:

a) El interesado dio su consentimiento explícito para el tratamiento de dichos datos personales con uno o más de los fines especificados.

b) El tratamiento es necesario para el cumplimiento de obligaciones y el ejercicio de derechos específicos del responsable del tratamiento o del interesado en el ámbito del Derecho laboral y de la seguridad y protección social.

c) El tratamiento es necesario para proteger intereses vitales del interesado o de otra persona física, en el supuesto de que el interesado no esté capacitado, física o jurídicamente, para dar su consentimiento.

d) El tratamiento es necesario por razones de interés público en el ámbito de la salud pública, como la protección frente a amenazas transfronterizas graves para la salud, o para garantizar elevados niveles de calidad y de seguridad de la asistencia sanitaria y de los medicamentos o productos sanitarios.

Respuesta correcta: d) El tratamiento es necesario por razones de interés público en el ámbito de la salud pública, como la protección frente a amenazas transfronterizas graves para la salud, o para garantizar elevados niveles de calidad y de seguridad de la asistencia sanitaria y de los medicamentos o productos sanitarios.

Según el artículo 9.2 de la LO 3/2018, los tratamientos de datos contemplados en las letras g), h) e i) del artículo 9.2 del Reglamento (UE) 2016/679 fundados en el Derecho español deberán estar amparados en una norma con rango de ley, que podrá establecer requisitos adicionales relativos a su seguridad y confidencialidad.

En particular, dicha norma podrá amparar el tratamiento de datos en el ámbito de la salud cuando así lo exija la gestión de los sistemas y servicios de asistencia sanitaria y social, pública y privada, o la ejecución de un contrato de seguro del que el afectado sea parte.

Solución al test n.º 7

1. c) Derecho a la intimidad.

2. b) El paciente.

3. d) Públicos y privados.

4. c) El consentimiento, que debe obtenerse después de que el paciente reciba una información adecuada, se hará siempre por escrito.

5. c) Se comunicará al paciente en un lenguaje técnico y adecuado a sus necesidades de conocer exactamente su estado.

6. a) Por razones objetivas el conocimiento de su propia situación pueda perjudicar su salud de manera grave.

7. d) Sin ningún tipo de discriminación.

8. c) Todo paciente o usuario tiene derecho a negarse al tratamiento, excepto en los casos determinados en la ley. Su negativa al tratamiento constará por escrito.

9. c) La información clínica forma parte de todas las actuaciones asistenciales, será verdadera, se comunicará al paciente de forma comprensible y adecuada a sus necesidades y le ayudará a tomar decisiones de acuerdo con su propia y libre voluntad.

10. a) El paciente será informado, incluso en caso de incapacidad, de modo adecuado a sus posibilidades de comprensión, cumpliendo con el deber de informar también a su representante legal.

11. d) Desacuerdo entre el paciente y sus familiares más allegados.

12. d) Un certificado médico.

13. a) Por razones objetivas el conocimiento de su propia situación pueda perjudicar su salud de manera grave.

14. c) 14 años.

15. c) Los responsables y encargados del tratamiento de datos así como todas las personas que intervengan en cualquier fase de este.

16. c) El derecho a la buena imagen.

17. a) De forma verbal.

18. d) Informe de alta médica.

19. a) Cuando así lo prevea una norma de Derecho de la Unión Europea o una norma con rango de ley.

20. d) El tratamiento es necesario por razones de interés público en el ámbito de la salud pública, como la protección frente a amenazas transfronterizas graves para la salud, o para garantizar elevados niveles de calidad y de seguridad de la asistencia sanitaria y de los medicamentos o productos sanitarios.

TEST N.º 8

Identificación de pacientes y sistemas de información poblacional

1. ¿Qué función desempeñan los sistemas de información poblacional en relación con la salud de las comunidades?

a) Administrar medicamentos a nivel de población.
b) Analizar la información personal de los pacientes.
c) Comprender las tendencias de salud y diseñar estrategias efectivas.
d) Establecer registros médicos individuales.

2. ¿Por qué la identificación precisa de pacientes es algo necesario?

a) Para reducir la eficiencia en la atención médica.
b) Para evitar errores médicos y garantizar la seguridad del paciente.
c) Solo con fines administrativos.
d) Para mantener la privacidad de la información médica.

3. ¿Cuál es uno de los propósitos de los sistemas de información poblacional?

a) Generar registros médicos individuales.
b) Comprender las tendencias de salud en comunidades enteras.
c) Administrar la identificación de pacientes.
d) Evitar el uso de tecnologías en la atención médica.

4. ¿Cuál es el propósito principal de la Tarjeta Sanitaria Individual (TSI)?

a) Identificar productos farmacéuticos dispensables.
b) Establecer registros médicos individuales.
c) Facilitar el acceso a servicios y prestaciones del Sistema Nacional de Salud (SNS).
d) Todas son correctas.

5. ¿Quién emite la Tarjeta Sanitaria Individual (TSI)?

a) Farmacias locales.

b) Administraciones sanitarias autonómicas y el Instituto Nacional de Gestión Sanitaria (INGESA).

c) Ministerio de Sanidad.

d) Organizaciones de pacientes.

6. ¿Cuál es el papel del Ministerio de Sanidad en relación con la Tarjeta Sanitaria Individual (TSI)?

a) Emisión directa de la TSI.

b) Coordinación del intercambio de información entre comunidades autónomas y la interoperabilidad de las tarjetas sanitarias del SNS.

c) Asignación de códigos de identificación personal autonómicos.

d) Gestión general de la TSI a nivel nacional.

7. ¿Cuál es la finalidad de la tarjeta sanitaria "Cuídame" en Cataluña según el texto?

a) Proporcionar descuentos en servicios médicos.

b) Identificar a personas con patologías específicas.

c) Otorgar derechos adicionales en el sistema de salud.

d) Excluir a ciertos grupos de atención médica.

8. ¿Cómo se facilita la solicitud de la tarjeta "Cuídame" en Cataluña?

a) Se emite automáticamente para personas con ciertas patologías.

b) No es necesario realizar ningún trámite.

c) Se obtiene al solicitar la Tarjeta Sanitaria Individual.

d) Debe ser solicitada por el propio titular de la tarjeta.

9. ¿Qué diferencias existen entre las mutualidades con provisión pública y el Sistema Nacional de Salud (SNS) en España?

a) Las mutualidades no brindan cobertura de servicios de salud.

b) La TSI emitida por las mutualidades no es válida en el SNS.

c) Las mutualidades tienen su propio sistema de salud, pero los afiliados también pueden acceder al SNS.

d) La TSI emitida por las mutualidades excluye a los afiliados del SNS.

10. ¿Cuáles son las mutualidades mencionadas en el texto que ofrecen cobertura de servicios de salud en España?

a) Muface, Mugeju, y Imserso.

b) Muface, Mugeju, e Isfas.

c) Mugeju, Isfas, y UGT.
d) Isfas, CCOO, y Muface.

11. ¿A quiénes proporciona servicios de salud la Mutualidad General de Funcio-narios Civiles del Estado (Muface)?

a) Únicamente a los miembros del Ejército.
b) A empleados públicos del Estado y a sus familiares beneficiarios.
c) Exclusivamente a los funcionarios civiles.
d) A todos los ciudadanos sin restricciones.

12. ¿Cuál es el propósito de la historia clínica electrónica en relación con la iden-tificación de pacientes?

a) Reducir la espera.
b) Almacenar y gestionar información médica de manera precisa.
c) Aumentar el tiempo de espera del paciente.
d) Reducir la seguridad del paciente.

13. ¿Cuál es el propósito de mantener actualizados los datos de identificación de pacientes?

a) Para reducir la calidad de la atención médica.
b) Para aumentar el tiempo de espera del paciente.
c) Asegurar que la información sea precisa y relevante.
d) No afecta la calidad de la atención médica.

14. ¿Cuál de los siguientes no es un componente necesario para garantizar la correcta identificación de cada paciente en el ámbito nacional?

a) Número único de identificación.
b) Datos personales y biométricos.
c) Historia clínica electrónica.
d) Uso de redes sociales para la identificación.

15. ¿Qué tipo de servicios médicos cubre la Tarjeta Sanitaria Europea durante una estancia temporal en España?

a) Solo servicios hospitalarios.
b) Solo atención ambulatoria.
c) Servicios médicamente necesarios y atención en casos de urgencia.
d) Tratamientos médicos planificados específicamente en el extranjero.

En MADTEST tienes **más preguntas de este tema, comentadas y argumentadas,** y todos tus avances quedan registrados y se reflejan en el ranking.

¡Supera tus límites con MADTEST!

A continuación te presentamos algunos ejemplos de preguntas comentadas:

16. ¿Qué información recoge la Base de Datos de Población Protegida del Sistema Nacional de Salud (BDPP-SNS)?

a) Solo la información básica de la población protegida.

b) La información básica de la población protegida y el fichero histórico de las situaciones de aseguramiento.

c) Solo la información del sistema de Seguridad Social.

d) La información del mutualismo administrativo.

Respuesta correcta: b) La información básica de la población protegida y el fichero histórico de las situaciones de aseguramiento.

La BDPP-SNS recoge la información básica de la población protegida, el fichero histórico de las situaciones de aseguramiento y la adscripción de la persona a diferentes Administraciones sanitarias a lo largo de su vida.

17. ¿Quiénes son beneficiarios de los servicios de salud proporcionados por Muface en España?

a) Ciudadanos mayores de 65 años.

b) Exclusivamente militares y personal del Ejército.

c) Funcionarios civiles del Estado y sus familiares.

d) Residentes extranjeros en España.

Respuesta correcta: c) Funcionarios civiles del Estado y sus familiares.

Muface (Mutualidad General de Funcionarios Civiles del Estado) proporciona servicios de salud a un grupo específico de beneficiarios, que incluyen funcionarios civiles del Estado, personal docente y estatutario, así como otros colectivos específicos. Esta mutualidad ofrece cobertura médica a los funcionarios públicos y a sus familiares beneficiarios. La respuesta c) es correcta, ya que identifica con precisión a los beneficiarios de Muface, destacando la naturaleza de su afiliación, que se extiende a los funcionarios civiles del Estado y sus familiares.

18. Indica qué usuario no tiene derecho a la Tarjeta Sanitaria "Cuídame"

a) Paciente con demencia (con un nivel de afectación cognitivo moderado, GDS a partir de 4).

b) Paciente con daño cerebral con trastorno de la conducta.

c) Paciente con discapacidad intelectual (retraso mental) grave y profunda.
d) Mujer embarazada.

Respuesta correcta: d) Mujer embarazada.

La Tarjeta Sanitaria "Cuídame" está diseñada para personas con necesidades de atención diferenciada debido a condiciones de salud específicas, como demencia, daño cerebral con trastorno de la conducta y discapacidad intelectual grave y profunda. Sin embargo, el embarazo no se considera una condición que otorgue derecho a la Tarjeta "Cuídame". La tarjeta se centra en condiciones que requieren atención y acompañamiento especial, y el embarazo no está incluido en esta categoría.

19. ¿Cuál de las siguientes afirmaciones es correcta sobre la identificación de pacientes en el ámbito nacional?

a) No es necesario mantener actualizados los datos de identificación de los pacientes.
b) La identificación de pacientes no tiene relación con la interoperabilidad entre sistemas de salud.
c) Permite vincular la información médica del paciente con su historial clínico.
d) La identificación de pacientes solo se aplica a nivel local en centros médicos específicos.

Respuesta correcta: c) Permite vincular la información médica del paciente con su historial clínico.

La opción c) es correcta, ya que la correcta identificación de pacientes, a través de un número único de identificación permite vincular de manera precisa la información médica de cada paciente con su historial clínico. Esta conexión permite mantener registros de salud precisos y accesibles, especialmente en sistemas de salud que implementan historias clínicas electrónicas (HCE). La interoperabilidad entre diferentes centros médicos y servicios se ve facilitada por esta vinculación, mejorando la continuidad de la atención y reduciendo el riesgo de errores médicos.

20. ¿Cuál de las siguientes afirmaciones es correcta sobre el proceso SOLVIT?

a) SOLVIT tiene poderes coercitivos para hacer cumplir sus soluciones.
b) SOLVIT resuelve problemas relacionados con la libre circulación de capitales.
c) El proceso de resolución de problemas de SOLVIT es de pago.
d) SOLVIT se encarga de resolver problemas exclusivamente dentro de un país de la UE.

Respuesta correcta: a) SOLVIT tiene poderes coercitivos para hacer cumplir sus soluciones.

SOLVIT es una red de resolución de problemas establecida por la Comisión Europea para ayudar a los ciudadanos y empresas a resolver problemas relacionados con la aplicación incorrecta o malentendidos de la legislación de la Unión Europea por parte de las autoridades públicas de los Estados miembros de la UE y de Islandia, Liechtenstein y Noruega. Sin embargo, es importante destacar que SOLVIT no tiene poderes coercitivos. Aunque busca proporcionar soluciones rápidas y efectivas, estas son de carácter administrativo y no vinculante. SOLVIT no puede imponer medidas coercitivas para hacer cumplir sus soluciones.

Solución al test n.º 8

1. c) Comprender las tendencias de salud y diseñar estrategias efectivas.

2. b) Para evitar errores médicos y garantizar la seguridad del paciente.

3. b) Comprender las tendencias de salud en comunidades enteras.

4. c) Facilitar el acceso a servicios y prestaciones del Sistema Nacional de Salud (SNS).

5. b) Administraciones sanitarias autonómicas y el Instituto Nacional de Gestión Sanitaria (INGESA).

6. b) Coordinación del intercambio de información entre comunidades autónomas y la interoperabilidad de las tarjetas sanitarias del SNS.

7. b) Identificar a personas con patologías específicas.

8. d) Debe ser solicitada por el propio titular de la tarjeta.

9. c) Las mutualidades tienen su propio sistema de salud, pero los afiliados también pueden acceder al SNS.

10. b) Muface, Mugeju, e Isfas.

11. b) A empleados públicos del Estado y a sus familiares beneficiarios.

12. b) Almacenar y gestionar información médica de manera precisa.

13. c) Asegurar que la información sea precisa y relevante.

14. d) Uso de redes sociales para la identificación.

15. c) Servicios médicamente necesarios y atención en casos de urgencia.

16. b) La información básica de la población protegida y el fichero histórico de las situaciones de aseguramiento.

17. c) Funcionarios civiles del Estado y sus familiares.

18. d) Mujer embarazada.

19. c) Permite vincular la información médica del paciente con su historial clínico.

20. a) SOLVIT tiene poderes coercitivos para hacer cumplir sus soluciones.

TEST N.º 9

Servicios de admisión y documentación clínica

1. ¿Cuál de las siguientes afirmaciones describe mejor la función principal de los servicios de admisión en una institución de atención médica?

a) Completar formularios y verificar seguros de salud.
b) Coordinar la llegada de pacientes y asignar habitaciones.
c) Proporcionar diagnósticos y tratamientos a los pacientes.
d) Realizar auditorías médicas y litigios en casos de emergencia.

2. ¿Cuál es la principal razón por la que la documentación clínica es importante en la atención médica?

a) Solo para tomar notas durante las consultas médicas.
b) Principalmente para la programación de citas médicas.
c) Únicamente como evidencia en casos de litigios.
d) Para la comunicación efectiva entre profesionales de la salud.

3. ¿Cuál es una de las funciones principales del Servicio de Admisión y Documentación Clínica (SADC)?

a) Administrar tratamientos médicos.
b) Coordinar servicios de limpieza.
c) Recepcionar y registrar a los pacientes.
d) Realizar procedimientos quirúrgicos.

4. ¿Qué implica la codificación y clasificación en el contexto del SADC?

a) Asignar códigos a documentos administrativos.
b) Clasificar documentos por orden alfabético.
c) Organizar información del paciente con códigos médicos estandarizados.
d) Catalogar documentos según su fecha de recepción.

5. ¿Cuándo es necesario que el SADC se comunique y colabore con otros departamentos del centro de salud?

a) Solo en eventos sociales.
b) Para actividades recreativas.

c) Solo en casos de emergencia.

d) Para asegurar la correcta atención y seguimiento de cada paciente.

6. ¿Cuál es una función específica de la gestión de usuarios relacionada con la demanda quirúrgica?

a) Coordinar servicios de limpieza en el hospital.

b) Mantener actualizada la lista de pacientes en espera de intervención quirúrgica.

c) Organizar eventos recreativos para el personal médico.

d) Codificar documentos administrativos.

7. ¿Qué implica el CMBD?

a) Un sistema de codificación interna del hospital.

b) Una herramienta utilizada para la facturación de servicios médicos.

c) Un estándar internacional para la recopilación de datos de salud en hospitales.

d) Un conjunto de datos mínimo requerido para la atención médica.

8. ¿Por qué es importante la coordinación con diferentes servicios y unidades del hospital en la gestión de información clínica?

a) Para limitar el acceso a la información clínica.

b) Para facilitar la facturación de servicios médicos.

c) Para elaborar informes necesarios para la dirección médica y administrativa.

d) Para cumplir con la LOPD.

9. ¿Cuál es uno de los aspectos clave de la recogida de datos para la facturación?

a) Duración y complejidad de la atención.

b) Registro detallado de servicios médicos.

c) Establecer políticas de retención de datos.

d) Facturación electrónica.

10. ¿Cuál es la función principal del servicio de admisión y documentación clínica en una institución médica?

a) Realizar intervenciones quirúrgicas.

b) Coordinar la asignación de camas y recursos.

c) Gestionar citas médicas externas.

d) Administrar tratamientos especializados.

11. ¿Cuál es la finalidad del control de altas y traslados en una institución médica?

a) Coordinar la asignación de camas y recursos.

b) Evaluar la necesidad de cirugías.

c) Supervisar y coordinar las salidas y movilidad de pacientes.

d) Gestionar la admisión de pacientes en unidades especiales.

12. ¿Qué implica el consentimiento informado en el cumplimiento legal y ético en la atención médica?

a) Proporcionar información clara y comprensible al paciente.
b) Coordinar traslados de pacientes.
c) Administrar tratamientos especializados.
d) Evaluar la necesidad de cirugías.

13. ¿Cuál es la responsabilidad del departamento de recursos humanos en una institución de salud?

a) Supervisar la calidad y seguridad del paciente.
b) Gestionar la infraestructura tecnológica.
c) Coordinar programas de prevención.
d) Gestionar los recursos humanos, incluyendo contratación y selección de personal.

14. ¿Qué información requieren los servicios centrales para evaluar la efectividad de programas y proyectos de salud implementados?

a) Datos demográficos y epidemiológicos.
b) Indicadores de calidad y seguridad.
c) Estadísticas de servicios médicos.
d) Evaluación del desempeño del personal.

15. ¿Cuáles son algunas de las posibles consecuencias de un incumplimiento normativo y legal en un hospital?

a) Mayor calidad de atención y satisfacción del paciente.
b) Dificultades para atraer inversión y colaboraciones.
c) Subutilización eficiente de recursos.
d) Pérdida de financiamiento y seguros, y suspensión de licencias.

En MADTEST tienes **más preguntas de este tema, comentadas y argumentadas**, y todos tus avances quedan registrados y se reflejan en el ranking.

¡Supera tus límites con MADTEST!

A continuación te presentamos algunos ejemplos de preguntas comentadas:

16. ¿Qué implica la gestión de usuarios en el ámbito de la asistencia médica?

a) Organizar eventos recreativos para el personal médico.
b) Coordinar servicios de limpieza en el hospital.

c) Asegurar que los pacientes reciban atención especializada de manera oportuna y segura.
d) Realizar procedimientos quirúrgicos.

Respuesta correcta: c) Asegurar que los pacientes reciban atención especializada de manera oportuna y segura.

La gestión de usuarios en el ámbito de la asistencia médica implica asegurar que los pacientes reciban atención especializada de manera oportuna y segura. Esto incluye gestionar registros y datos para que los pacientes reciban atención médica en la especialidad adecuada según sus necesidades de salud. Las opciones relacionadas con eventos recreativos, coordinación de servicios de limpieza y realizar procedimientos quirúrgicos no están directamente vinculadas a la gestión de usuarios para la atención médica.

17. ¿Qué implica la normalización de la documentación clínica?

a) Establecer políticas de retención de datos.
b) Facilitar la comprensión y el intercambio de información entre profesionales de la salud.
c) Mantener un registro detallado de quiénes acceden a los registros médicos.
d) Anonimizar los datos personales de los pacientes.

Respuesta correcta: b) Facilitar la comprensión y el intercambio de información entre profesionales de la salud.

La normalización de la documentación clínica implica establecer formatos y terminología comúnmente aceptados. Esto tiene el propósito de hacer que la información en los registros médicos sea coherente y comprensible para diferentes profesionales de la salud. Cuando se normaliza la documentación clínica, se utiliza un conjunto estandarizado de términos y formatos que facilita la comunicación y el intercambio de información entre diversos profesionales de la salud, como médicos, enfermeras y otros especialistas. Esta normalización permite que la información sea interpretada de manera consistente, lo que mejora la calidad de la atención médica al permitir una comprensión clara de los datos y facilitar la colaboración efectiva entre los miembros del equipo de atención médica.

18. ¿Cuál es el propósito del control de altas y traslados en la gestión hospitalaria y la atención médica de los pacientes?

a) Coordinar la movilidad de pacientes dentro y fuera del hospital.
b) Evaluar la calidad de la atención médica prestada.
c) Realizar auditorías periódicas de la documentación clínica.
d) Supervisar el acceso a la información clínica después del alta médica.

Respuesta correcta: a) Coordinar la movilidad de pacientes dentro y fuera del hospital.

El control de altas y traslados es un aspecto clave en la gestión hospitalaria y en la atención médica de los pacientes ingresados en un centro de salud. Este proceso se encarga de supervisar y coordinar las altas médicas y los traslados de pacientes dentro y fuera del hospital, asegurando una transición segura y adecuada entre distintas áreas o instituciones sanitarias. La coordinación de la movilidad de los pacientes, ya sea dentro del hospital o entre diferentes instituciones, garantiza una atención continua y coherente en cada etapa de su tratamiento y recuperación.

19. ¿Cuál es el papel del departamento de calidad y seguridad del paciente?

a) Coordinar la asignación de recursos y personal.
b) Supervisar y garantizar la calidad de los servicios de salud prestados, así como la seguridad del paciente.
c) Gestionar la infraestructura tecnológica.
d) Desarrollar estrategias de comunicación interna y externa.

Respuesta correcta: b) Supervisar y garantizar la calidad de los servicios de salud prestados, así como la seguridad del paciente.

El departamento de calidad y seguridad del paciente desempeña las funciones de supervisar y garantizar la calidad de los servicios de salud y la seguridad del paciente en una institución médica. Esta función implica establecer rigurosos estándares de atención médica, implementar protocolos y procedimientos, y realizar auditorías continuas para evaluar el cumplimiento de estos estándares. Además, tiene la responsabilidad de monitorear la seguridad del paciente, implementando medidas para prevenir eventos adversos y crear un entorno hospitalario seguro. La colaboración con otros departamentos es fundamental para identificar oportunidades de mejora, implementar cambios continuos y mantener una cultura organizacional centrada en la seguridad y calidad de la atención médica.

20. ¿Cuáles son algunas de las posibles consecuencias de un incumplimiento normativo y legal en una institución de salud?

a) Mayor calidad de atención y satisfacción del paciente.
b) Pérdida de financiamiento y seguros, y suspensión de licencias.
c) Subutilización eficiente de recursos.
d) Dificultades para atraer inversión y colaboraciones.

Respuesta correcta: b) Pérdida de financiamiento y seguros, y suspensión de licencias.

Un incumplimiento normativo y legal en una institución de salud puede tener consecuencias significativas y negativas para la misma. La pérdida de financiamiento y seguros es una de las repercusiones más directas, ya que incumplir con normativas y leyes puede resultar en la revocación de acuerdos financieros y la pérdida de respaldo por parte de aseguradoras. Además, la suspensión de licencias es una medida sería que puede aplicarse en casos graves y continuados de incumplimiento, afectando la capacidad de la institución para operar legalmente. Estas consecuencias no solo impactan la viabilidad financiera de la institución, sino que también comprometen su capacidad para brindar atención médica de calidad y segura.

Solución al test n.º 9

1. b) Coordinar la llegada de pacientes y asignar habitaciones.

2. d) Para la comunicación efectiva entre profesionales de la salud.

3. c) Recepcionar y registrar a los pacientes.

4. c) Organizar información del paciente con códigos médicos estandarizados.

5. d) Para asegurar la correcta atención y seguimiento de cada paciente.

6. b) Mantener actualizada la lista de pacientes en espera de intervención quirúrgica.

7. c) Un estándar internacional para la recopilación de datos de salud en hospitales.

8. c) Para elaborar informes necesarios para la dirección médica y administrativa.

9. b) Registro detallado de servicios médicos.

10. b) Coordinar la asignación de camas y recursos.

11. c) Supervisar y coordinar las salidas y movilidad de pacientes.

12. a) Proporcionar información clara y comprensible al paciente.

13. d) Gestionar los recursos humanos, incluyendo contratación y selección de personal.

14. b) Indicadores de calidad y seguridad.

15. d) Pérdida de financiamiento y seguros, y suspensión de licencias.

16. c) Asegurar que los pacientes reciban atención especializada de manera oportuna y segura.

17. b) Facilitar la comprensión y el intercambio de información entre profesionales de la salud.

18. a) Coordinar la movilidad de pacientes dentro y fuera del hospital.

19. b) Supervisar y garantizar la calidad de los servicios de salud prestados, así como la seguridad del paciente.

20. b) Pérdida de financiamiento y seguros, y suspensión de licencias.

TEST N.º 10

Gestión de la documentación clínica

1. ¿Cuál es uno de los impactos significativos de la gestión de la documentación clínica en la administración de instituciones de salud?

a) Mejora de la efectividad de los tratamientos.
b) Facilitación de la transición de registros en papel a sistemas electrónicos.
c) Contribución a la eficiencia operativa general.
d) Evaluación de tendencias en la investigación médica.

2. ¿Cuál es uno de los documentos generados durante la recepción y registro de pacientes en el centro de salud, y que incluye datos personales del paciente, como nombre, dirección, fecha de nacimiento y número de teléfono?

a) Autorizaciones y datos de seguro.
b) Consentimiento informado.
c) Historia clínica o registro médico.
d) Formulario de ingreso.

3. ¿Qué función es esencial para garantizar la continuidad de la atención médica a lo largo del tiempo y en diferentes servicios o especialidades dentro del centro de salud?

a) Recepción y registro de pacientes.
b) Asignación de historias clínicas.
c) Consentimiento para el uso y protección de datos personales.
d) Registro completo de la salud del paciente.

4. ¿Cuál es uno de los documentos generados durante el proceso de asignación de historias clínicas y que sirve como una herramienta de referencia rápida para los profesionales de la salud al atender al paciente?

a) Consentimiento informado.
b) Hoja de datos médicos.
c) Etiqueta de identificación.
d) Formulario de registro de paciente.

5. ¿Cuál de los siguientes documentos contiene las prescripciones de medicamentos, indicando dosis, posología y duración del tratamiento?

a) Planes de cuidados.
b) Hojas de evolución médica.
c) Recetas médicas.
d) Consentimiento informado para procedimientos.

6. ¿Cuál es la diferencia entre la información no clínica y la información clínica en el ámbito de la atención médica?

a) La información no clínica se refiere a datos personales, mientras que la información clínica se refiere a procedimientos médicos.
b) La información no clínica abarca aspectos administrativos, financieros y logísticos, mientras que la información clínica está relacionada con la salud del paciente.
c) La información no clínica incluye resultados de pruebas diagnósticas, mientras que la información clínica se centra en la facturación.
d) La información no clínica se almacena en formato físico, mientras que la información clínica se almacena electrónicamente.

7. ¿Cuál es la importancia de la anamnesis en el proceso de diagnóstico médico?

a) Proporcionar datos demográficos del paciente.
b) Obtener información de familiares cercanos.
c) Registrar la evolución del paciente.
d) Orientar al profesional de la salud hacia posibles causas de los síntomas del paciente.

8. ¿Qué aspectos incluye el historial de medicamentos en la historia clínica de un paciente?

a) Datos sobre hábitos alimenticios.
b) Lista de medicamentos actuales, dosis y frecuencia.
c) Información sobre el estado emocional del paciente.
d) Detalles sobre enfermedades previas y tratamientos.

9. ¿Qué información se espera encontrar en el apartado de estilo de vida de la historia clínica?

a) Resultados de exámenes de laboratorio.
b) Detalles sobre hábitos alimenticios y consumo de tabaco.
c) Registro de procedimientos médicos.
d) Evaluación del desempeño del personal.

10. ¿Cuándo se realiza la exploración física o examen físico en el proceso de atención médica?

a) Después de la anamnesis.
b) Al finalizar el tratamiento.

c) Antes de la admisión del paciente.
d) Al inicio de la historia clínica.

11. ¿Qué medida se ha tomado para facilitar la interconexión de datos sanitarios de los pacientes en toda España?

a) Creación de una tarjeta sanitaria única.
b) Restricción del acceso a la información clínica.
c) Desarrollo de sistemas independientes por cada hospital.
d) Establecimiento de competencias entre comunidades autónomas.

12. ¿Cuál es uno de los beneficios destacados de mejorar la coordinación entre diferentes niveles asistenciales con la implementación de la HCE en España?

a) Aumento de errores médicos.
b) Reducción de la eficiencia en la atención médica.
c) Mejorar la calidad de la atención médica.
d) Limitación del acceso a la información clínica del paciente.

13. ¿Qué aspecto ha sido fundamental para mejorar la seguridad del paciente en la implementación de la HCE en España?

a) Restricción del acceso a la información clínica.
b) Reducción de la coordinación entre profesionales de la salud.
c) Establecimiento de competencias entre comunidades autónomas.
d) Implementación de medidas de protección robustas y control de acceso.

14. ¿En qué se basa la importancia del CMDIC para la mejora de la continuidad asistencial?

a) En ocultar información a otros profesionales de la salud.
b) En facilitar el acceso a datos relevantes sobre el paciente.
c) En complicar la interpretación de informes clínicos.
d) En limitar la colaboración entre especialistas.

15. ¿Cuál es uno de los servicios terminológicos fundamentales para el CMDIC que facilita la identificación de procedimientos médicos y diagnósticos?

a) Clasificación Internacional de Enfermedades (CIE).
b) Plataformas de gestión terminológica.
c) Sistema de Codificación de Procedimientos de la CIE (CIE PCS).
d) *Unified Code for Units of Measure* (UCUM).

En MADTEST tienes **más preguntas de este tema, comentadas y argumentadas**, y todos tus avances quedan registrados y se reflejan en el ranking.

¡Supera tus límites con MADTEST!

A continuación te presentamos algunos ejemplos de preguntas comentadas:

16. ¿Por qué la calidad y precisión de la documentación clínica son fundamentales en el ámbito de la atención médica?

a) Para la facturación y el reembolso eficientes.
b) Para respaldar la atención al paciente y mejorar los protocolos de atención.
c) Para la implementación de sistemas electrónicos de registro de salud.
d) Para garantizar la privacidad y la seguridad de los datos médicos.

Respuesta correcta: b) Para respaldar la atención al paciente y mejorar los protocolos de atención.

La calidad y precisión de la documentación clínica son fundamentales en la atención médica al proporcionar una base fiable para respaldar cada fase del cuidado del paciente. La información documentada con precisión no solo respalda la toma de decisiones informada por parte de los profesionales de la salud, sino que también contribuye a una atención coordinada y continua. Además, la mejora constante de los protocolos de atención se ve impulsada por la calidad de la documentación, ya que permite identificar áreas de desarrollo, evaluar la eficacia de los tratamientos y adaptar las estrategias de atención para ofrecer un cuidado más personalizado y efectivo. En última instancia, la atención al paciente se beneficia significativamente de la atención meticulosa a la documentación clínica, elevando los estándares de calidad en el ámbito de la salud.

17. ¿Cuál es uno de los beneficios de la asignación adecuada de historias clínicas en un centro de salud que utiliza sistemas de historia clínica electrónica?

a) Mejora la efectividad de los tratamientos.
b) Facilita la investigación y el análisis de datos clínicos.
c) Contribuye a la eficiencia operativa general.
d) Evalúa la efectividad de los protocolos de atención.

Respuesta correcta: b) Facilita la investigación y el análisis de datos clínicos.

La asignación adecuada de historias clínicas en un entorno de salud con sistemas electrónicos no solo mejora la gestión interna, sino que también desempeña un papel fundamental en la facilitación de la investigación y el análisis de datos clínicos. Al utilizar sistemas de historia clínica electrónica se crea una plataforma centralizada que almacena información precisa y accesible sobre la atención médica de los pacientes. Este acceso eficiente a datos clínicos contribuye significativamente a la investigación médica al permitir la identificación de patrones, tendencias y resultados en la atención de la salud. Además, facilita el análisis retrospectivo de la efectividad de los tratamientos y la evaluación de protocolos de atención, brindando así una base sólida para la mejora continua de la práctica médica.

18. Indica cuál de las siguientes es una prueba diagnóstica:

a) Prescripción médica.
b) Receta.
c) Informe médico.
d) Tomografía.

Respuesta correcta: d) Tomografía.

Tomografía es una prueba diagnóstica. Las pruebas diagnósticas son procedimientos médicos diseñados para identificar, confirmar o descartar la presencia de una enfermedad o condición médica. En este caso, una tomografía es una técnica de imagenología médica que utiliza rayos X para obtener imágenes detalladas de estructuras internas del cuerpo. A diferencia de las opciones a), b) y c), que son documentos médicos escritos (prescripción médica, receta e informe médico), la tomografía se destaca como una herramienta directa de diagnóstico que proporciona información visual sobre la anatomía y posibles problemas de salud.

19. ¿Qué papel tiene la interoperabilidad en la gestión de historias clínicas electrónicas entre diferentes regiones y centros de salud en España?

a) Dificulta la coordinación entre profesionales de la salud.
b) Facilita la duplicidad de pruebas y tratamientos.
c) Permite la compartición de información clínica.
d) Limita el acceso a la información del paciente.

Respuesta correcta: c) Permite la compartición de información clínica.

La interoperabilidad permite la compartición de información clínica entre diferentes regiones y centros de salud en España. Al facilitar la comunicación y el intercambio de datos entre distintos sistemas, se logra una atención médica más integral y eficiente, evitando la redundancia de pruebas y tratamientos, y asegurando una atención continua y coordinada para los pacientes que requieren asistencia en diversos lugares del país.

20. ¿Cuál es la consecuencia directa de la adopción del CMDIC en la gestión de datos de salud?

a) Aumento de la ambigüedad en los informes clínico.
b) Reducción de la eficiencia en la comunicación.

c) Mejora de la calidad y seguridad en la atención médica.

d) Limitación de la accesibilidad a la información clínica.

Respuesta correcta: c) Mejora de la calidad y seguridad en la atención médica.

La adopción del CMDIC tiene un impacto directo en la mejora de la calidad y seguridad en la atención médica. La estandarización de la información clínica facilita la interpretación y comunicación efectiva de datos entre profesionales de la salud, reduciendo la posibilidad de errores y mejorando la eficiencia en la atención. Esta mejora en la calidad y seguridad contribuye a un sistema de salud más eficiente y centrado en el paciente.

Solución al test n.º 10

1. c) Contribución a la eficiencia operativa general.

2. d) Formulario de ingreso.

3. b) Asignación de historias clínicas.

4. b) Hoja de datos médicos.

5. c) Recetas médicas.

6. b) La información no clínica abarca aspectos administrativos, financieros y logísticos, mientras que la información clínica está relacionada con la salud del paciente.

7. d) Orientar al profesional de la salud hacia posibles causas de los síntomas del paciente.

8. b) Lista de medicamentos actuales, dosis y frecuencia.

9. a) Resultados de exámenes de laboratorio.

10. a) Después de la anamnesis.

11. a) Creación de una tarjeta sanitaria única.

12. c) Mejorar la calidad de la atención médica.

13. d) Implementación de medidas de protección robustas y control de acceso.

14. b) En facilitar el acceso a datos relevantes sobre el paciente.

15. c) Sistema de Codificación de Procedimientos de la CIE (CIE PCS).

16. b) Para respaldar la atención al paciente y mejorar los protocolos de atención.

17. b) Facilita la investigación y el análisis de datos clínicos.

18. d) Tomografía.

19. c) Permite la compartición de información clínica.

20. c) Mejora de la calidad y seguridad en la atención médica.

TEST N.º 11

Gestión del uso de la documentación clínica

1. ¿Por qué la gestión del uso de la documentación clínica es esencial tanto para profesionales de la salud como para pacientes?

a) Para dificultar el acceso a los registros médicos.
b) Garantizar la integridad y precisión de la información clínica.
c) Facilitar la divulgación indiscriminada de información de salud.
d) Restringir la toma de decisiones basada en evidencia.

2. ¿Cuál es uno de los principios fundamentales en el acceso a la documentación clínica para garantizar la privacidad del paciente?

a) Facilitar el acceso irrestricto a la información médica.
b) No requerir el consentimiento informado antes de acceder a la información médica.
c) Exigir que los pacientes no tengan control sobre el acceso a sus registros.
d) Implementar medidas de seguridad para proteger la información sensible.

3. ¿Cuál es una medida importante para garantizar la privacidad del paciente en el acceso a la documentación clínica?

a) Implementar sistemas de identificación y autenticación débiles.
b) No requerir el consentimiento informado antes de acceder a la información médica.
c) Proporcionar acceso irrestricto a la información de salud.
d) Obtener el consentimiento explícito y consciente del paciente.

4. ¿Por qué se debe llevar a cabo el cumplimiento normativo en el acceso a la documentación clínica?

a) Para aumentar la complejidad de los procedimientos de gestión.
b) Para asegurarse de que el acceso cumpla con regulaciones y leyes de privacidad.
c) Para reducir la seguridad de la información clínica.
d) Para limitar el acceso a la documentación clínica.

5. ¿Cuál es el propósito de establecer responsabilidades y sanciones en el acceso a la documentación clínica?

a) Complicar el proceso de toma de decisiones clínicas.
b) Mejorar la eficiencia en el movimiento de documentos médicos.
c) Garantizar la privacidad y seguridad de la información del paciente.
d) Desalentar el cumplimiento de políticas y procedimientos establecidos.

6. ¿Cuál es la función del archivo clínico en un centro de salud?

a) Contener registros médicos y documentación relacionada con la atención de los pacientes.
b) Almacenar únicamente informes médicos.
c) Facilitar la gestión local de la documentación clínica.
d) Limitar el acceso a los registros médicos.

7. ¿Qué desventaja se asocia comúnmente con un archivo centralizado?

a) Mayor facilidad de acceso a los registros médicos.
b) Reducción de la congestión en el archivo.
c) Menor colaboración entre profesionales de diferentes especialidades.
d) Riesgo de pérdida o extravío de documentos.

8. ¿Qué medida se puede tomar para evitar problemas en el sistema informático del archivo clínico?

a) Restringir el acceso solo a personas no autorizadas.
b) Mantener contraseñas secretas sin cambios.
c) Facilitar el acceso a la información sin restricciones.
d) Contar con sistemas de reserva y copias de seguridad periódicas.

9. ¿Cuál es la importancia de contar con espacios y muebles apropiados en la gestión del archivo clínico?

a) Facilitar la pérdida de documentos.
b) Contribuir a la organización y protección adecuada de los documentos.
c) Aumentar el riesgo de alteración de archivos.
d) Reducir la seguridad del archivo.

10. ¿Por qué es necesario controlar factores como riesgos de incendios, exposición al agua y amenazas de insectos en el archivo en formato papel?

a) Para proteger los archivos contra daños y alteraciones.
b) Para aumentar el riesgo de pérdida de documentos.

c) Para facilitar el acceso no autorizado.

d) Para promover acciones vandálicas y robos.

11. ¿Cuál es el objetivo del índice de productividad del personal en la documentación clínica?

a) Evaluar la tasa de errores en la documentación.

b) Medir la eficiencia y carga de trabajo del personal de salud.

c) Determinar el tiempo promedio de documentación.

d) Calcular la satisfacción del paciente.

12. ¿Por qué es importante evaluar el tiempo promedio de documentación en los registros clínicos?

a) Para medir la tasa de documentación incompleta.

b) Para identificar posibles cuellos de botella en los procesos.

c) Para evaluar la tasa de reincidencia y readmisión.

d) Para calcular la tasa de ocupación hospitalaria.

13. ¿Qué evalúa el indicador de tiempo de respuesta a solicitudes de información?

a) El tiempo que lleva responder a solicitudes de información médica.

b) El tiempo que lleva completar y registrar la información médica.

c) El grado de cumplimiento de normativas y estándares.

d) La eficiencia en la gestión de expedientes médicos.

14. ¿Por qué hay que evaluar el cumplimiento de normativas y estándares en la documentación clínica?

a) Para calcular el tiempo de respuesta a solicitudes de información.

b) Para medir el índice de satisfacción del paciente.

c) Para garantizar la precisión y seguridad de la información médica.

d) Para evaluar la eficiencia en la atención médica.

15. ¿Cuál es la finalidad del índice de satisfacción del paciente en la documentación clínica?

a) Evaluar la tasa de ocupación hospitalaria.

b) Medir el tiempo promedio de espera en urgencias.

c) Medir el nivel de satisfacción de los pacientes con la documentación clínica y la información proporcionada durante su atención.

d) Evaluar la eficiencia y carga de trabajo del personal de salud.

En MADTEST tienes **más preguntas de este tema, comentadas y argumentadas,** y todos tus avances quedan registrados y se reflejan en el ranking.

¡Supera tus límites con MADTEST!

A continuación te presentamos algunos ejemplos de preguntas comentadas:

16. ¿Cuál es la importancia de la gestión adecuada del uso de la documentación clínica en la atención médica?

a) Incrementar la duplicación de registros para una mayor disponibilidad.
b) Asegurar la privacidad y seguridad de los datos del paciente.
c) Facilitar el acceso irrestricto a la información clínica.
d) Minimizar la participación de los pacientes en decisiones médicas.

Respuesta correcta: b) Asegurar la privacidad y seguridad de los datos del paciente.

La gestión adecuada del uso de la documentación clínica garantiza la privacidad y seguridad de los datos del paciente. La información médica contenida en los registros clínicos es confidencial y sensible, y su acceso debe ser controlado y restringido para proteger la privacidad de los pacientes. Una gestión inadecuada podría llevar a la exposición no autorizada de información médica, lo que podría tener consecuencias negativas para la confianza del paciente y la seguridad de los datos.

17. ¿Por qué es necesario llevar a cabo auditorías y registros de accesos a los registros médicos?

a) Para restringir el acceso del personal de salud a la información clínica.
b) Identificar y detectar cualquier acceso no autorizado o irregular.
c) Aumentar la complejidad de los procedimientos de gestión de documentos.
d) Reducir la transparencia en la circulación de la documentación clínica.

Respuesta correcta: b) Identificar y detectar cualquier acceso no autorizado o irregular.

La realización de auditorías y la creación de registros de accesos son prácticas comunes en la gestión de la documentación clínica. En primer lugar, estas auditorías permiten monitorear de cerca quién accede a la información médica y cuándo lo hace. Al identificar y registrar cada acceso, se crea un historial detallado que actúa como un sistema de alerta temprana para cualquier actividad no autorizada o irregular.

Este proceso de auditoría mejora la seguridad y la privacidad de la información clínica del paciente. Al identificar cualquier acceso no autorizado, ya sea por parte de personal interno no autorizado o incluso intrusiones externas, se puede tomar acción de inmediato para mitigar los riesgos de violación de la privacidad y garantizar que solo el personal autorizado tenga acceso a la información confidencial.

Además, estas auditorías no solo identifican violaciones de seguridad, sino que también contribuyen a la transparencia en la gestión de documentos. Al mantener un registro claro de quién accede a la documentación clínica y con qué propósito, se promueve la responsabilidad y la rendición de cuentas. Esto no solo beneficia a la seguridad del paciente, sino que también fortalece la confianza en los sistemas de gestión de la información médica.

18. ¿Quién es el responsable último del archivo de historias clínicas en un hospital?

a) Jefe médico del servicio de admisión y documentación clínica.
b) Todos los profesionales de la salud.
c) La dirección del hospital.
d) Los pacientes.

Respuesta correcta: c) La dirección del hospital.

La dirección del hospital es generalmente la responsable última del archivo de historias clínicas. La gestión y supervisión de la documentación clínica, incluido el archivo de historias clínicas, son responsabilidades a nivel institucional. La dirección del hospital asegura el cumplimiento de las normativas y políticas relacionadas con la documentación clínica.

19. ¿Por qué es necesario evitar que personal no autorizado acceda a expedientes clínicos?

a) Para facilitar la investigación médica.
b) Para garantizar la privacidad y confidencialidad de la información.
c) Para aumentar la colaboración entre profesionales.
d) Para acelerar el proceso de eliminación de documentos.

Respuesta correcta: b) Para garantizar la privacidad y confidencialidad de la información.

Restringir el acceso durante el préstamo y transporte de expedientes es una medida para establecer que solo el personal autorizado tenga acceso a la documentación clínica. Esta medida ayuda a prevenir accesos no autorizados cuando los expedientes están en tránsito entre diferentes áreas o profesionales. Al establecer controles durante el préstamo y transporte, se reduce el riesgo de pérdida o acceso indebido a la información confidencial. Es una práctica efectiva para mantener la seguridad y privacidad de los registros médicos durante su circulación dentro del centro de salud.

20. ¿Qué evalúa la tasa de reincidencia y readmisión en la documentación clínica?

a) La cantidad de médicos especialistas disponibles en el centro de salud.
b) La tasa de pacientes que vuelven a buscar atención médica por la misma condición o que son readmitidos poco después del alta.

c) La eficiencia en la gestión de expedientes médicos.

d) El tiempo que lleva completar y registrar la información médica.

Respuesta correcta: c) La eficiencia en la gestión de expedientes médicos.

El índice de satisfacción del paciente en la documentación clínica tiene como finalidad medir el nivel de satisfacción de los pacientes específicamente con la documentación clínica y la información proporcionada durante su atención. Este indicador busca evaluar la efectividad de la comunicación y la calidad de la información proporcionada en los registros médicos desde la perspectiva del paciente. La satisfacción del paciente es un elemento crucial en la evaluación de la calidad de la atención médica, y el índice de satisfacción del paciente en la documentación clínica ofrece información valiosa sobre cómo los pacientes perciben la información registrada y cómo esta contribuye a su comprensión de su atención médica. Por lo tanto, este indicador se enfoca en aspectos relacionados con la comunicación efectiva y la atención centrada en el paciente.

Solución al test n.º 11

1. b) Garantizar la integridad y precisión de la información clínica.

2. d) Implementar medidas de seguridad para proteger la información sensible.

3. b) No requerir el consentimiento informado antes de acceder a la información médica.

4. b) Para asegurarse de que el acceso cumpla con regulaciones y leyes de privacidad.

5. c) Garantizar la privacidad y seguridad de la información del paciente.

6. a) Contener registros médicos y documentación relacionada con la atención de los pacientes.

7. d) Riesgo de pérdida o extravío de documentos.

8. d) Contar con sistemas de reserva y copias de seguridad periódicas.

9. b) Contribuir a la organización y protección adecuada de los documentos.

10. a) Para proteger los archivos contra daños y alteraciones.

11. b) Medir la eficiencia y carga de trabajo del personal de salud.

12. b) Para identificar posibles cuellos de botella en los procesos.

13. b) El tiempo que lleva completar y registrar la información médica.

14. c) Para garantizar la precisión y seguridad de la información médica.

15. c) Medir el nivel de satisfacción de los pacientes con la documentación clínica y la información proporcionada durante su atención.

16. b) Asegurar la privacidad y seguridad de los datos del paciente.

17. b) Identificar y detectar cualquier acceso no autorizado o irregular.

18. c) La dirección del hospital.

19. b) Para garantizar la privacidad y confidencialidad de la información.

20. c) La eficiencia en la gestión de expedientes médicos.

TEST N.º 12

Terminología médica y anatomía

1. ¿Qué describe la terminología médica?

a) Estudio de la estructura del cuerpo humano.
b) Lenguaje especializado para describir el cuerpo humano.
c) Estudio de cómo funcionan los órganos y sistemas del cuerpo.
d) Análisis de cómo las partes del cuerpo humano se interrelacionan.

2. ¿Qué prefijo indica «encima de, sobre»?

a) An-
b) Anti-
c) Epi-
d) Hemi-

3. ¿Cuál es el significado de la raíz «cefal-"?

a) Cabeza.
b) Piel.
c) Corazón.
d) Huesos.

4. ¿Qué raíz se relaciona con los tejidos biológicos?

a) Antropo-
b) Corp-
c) Hist-
d) Micro-

5. ¿Qué prefijo significa «dentro, en el interior»?

a) Peri-
b) Intra-

c) Supra-
d) Hiper-

6. ¿Cuál de los siguientes sufijos indica «reconstrucción o reparación quirúrgica»?

a) –scopia.
b) –stomía.
c) -rrafía.
d) –scisis.

7. ¿Cuál es el significado del sufijo "-scisis"?

a) División o separación quirúrgica.
b) Hemorragia o sangrado.
c) Detención o control quirúrgico del flujo.
d) Reconstrucción o reparación quirúrgica.

8. ¿Qué raíz está relacionada con la piel?

a) Cardi(o)-
b) Derm(o)-
c) -logía
d) -plasia

9. ¿Cuál es el nombre de la especialidad médica que se encarga del estudio y tratamiento de las enfermedades del sistema urinario?

a) Urología.
b) Gastroenterología.
c) Neurología.
d) Cardiología.

10. ¿Cuál es el término médico que indica la ausencia temporal de la respiración?

a) Apnea.
b) Disnea.
c) Hipoxia.
d) Hemostasia.

11. ¿Cuál es la técnica de primeros auxilios para tratar la asfixia, nombrada en honor a Henry Heimlich, un cirujano estadounidense?

a) Maniobra de Trendelenburg.
b) Maniobra de McBurney.
c) Maniobra de Heimlich.
d) Maniobra de RCP.

12. ¿Qué abreviatura médica se utiliza para indicar "nada por vía oral"?

a) IV.
b) PRN.
c) NPO.
d) SC.

13. ¿Qué sistema del cuerpo transporta linfa y contribuye a la función inmunológica?

a) Sistema Circulatorio.
b) Sistema Linfático.
c) Sistema Nervioso Central.
d) Sistema Nervioso Periférico.

14. ¿Cuál es la función principal de una glándula endocrina?

a) Producir y secretar sustancias fuera del cuerpo.
b) Producir y secretar hormonas directamente en el torrente sanguíneo.
c) Producir y secretar células con funciones específicas.
d) Producir y secretar energía y sustancias químicas.

15. ¿Qué estudio se centra en las enfermedades y sus efectos en el cuerpo?

a) Metabolismo.
b) Inmunidad.
c) Patología.
d) Homeostasis.

En MADTEST tienes **más preguntas de este tema, comentadas y argumentadas**, y todos tus avances quedan registrados y se reflejan en el ranking.

¡Supera tus límites con MADTEST!

A continuación te presentamos algunos ejemplos de preguntas comentadas:

16. ¿Cuál es la función principal de la anatomía en el campo médico?

a) Comprender cómo funcionan los sistemas del cuerpo.
b) Utilizar terminología específica para la comunicación.
c) Describir las enfermedades y lesiones del cuerpo humano.
d) Establecer el diagnóstico preciso de enfermedades comunes.

Respuesta correcta: a) Comprender cómo funcionan los sistemas del cuerpo.

La anatomía es fundamental en el campo médico para comprender la estructura y función de los sistemas del cuerpo humano. Esta disciplina se centra en estudiar la disposición, relaciones y características de los órganos y tejidos, permitiendo comprender cómo interactúan y funcionan en conjunto. Este conocimiento anatómico es necesario para entender cómo se producen las enfermedades, lesiones y disfunciones en el cuerpo, siendo la base para diagnósticos precisos y tratamientos efectivos. La anatomía proporciona la estructura sobre la cual se construye la fisiología, permitiendo comprender el funcionamiento normal y anormal de los sistemas orgánicos.

17. ¿Qué raíz está relacionada con las articulaciones?

a) Osteo-
b) Artro-
c) Mi(o)-
d) -rragia

Respuesta correcta: b) Artro-

La raíz "artro-" se refiere a las "articulaciones". Por ejemplo, la artrología es la rama de la anatomía que se dedica al estudio de las articulaciones y de sus enfermedades.

18. ¿Cómo se llama la condición que describe la inflamación del encéfalo, que puede ser causada por infecciones virales o bacterianas?

a) Meningitis.
b) Encefalitis.
c) Cefalalgia.
d) Hepatitis.

Respuesta correcta: b) Encefalitis.

La encefalitis es una condición médica que implica la inflamación del encéfalo, el tejido cerebral. Esta inflamación puede ser causada por infecciones virales o bacterianas, aunque también puede estar relacionada con reacciones autoinmunes. Los síntomas comunes de la encefalitis pueden incluir fiebre, dolor de cabeza, confusión, convulsiones, problemas de coordinación y cambios en la personalidad. Dependiendo de la gravedad de la inflamación y de la causa subyacente, los tratamientos pueden incluir medicamentos antivirales, antiinflamatorios y en casos graves, hospitalización para el cuidado intensivo.

19. ¿Qué proceso metabólico implica la descomposición de moléculas complejas liberando energía?

a) Fotosíntesis.
b) Anabolismo.

c) Catabolismo.
d) Metabolismo.

Respuesta correcta: c) Catabolismo.

El catabolismo es el proceso metabólico que involucra la descomposición de moléculas complejas en compuestos más simples, liberando energía en el proceso. Esto permite la obtención de energía necesaria para las funciones vitales del organismo.

Un ejemplo clásico del catabolismo es la glucólisis, donde la glucosa es descompuesta en ácido pirúvico con la producción de adenosín trifosfato (ATP) y nicotinamida adenina dinucleótido (NADH). El ATP generado en este proceso es una forma de energía química que las células pueden utilizar para realizar diversas funciones, como el transporte activo, la contracción muscular y la síntesis de biomoléculas.

20. ¿Cuál es la definición de histología?

a) Estudio de las funciones y procesos corporales.
b) Mantenimiento del equilibrio interno del cuerpo.
c) Estudio de los tejidos a nivel microscópico.
d) Estructura que produce y secreta sustancias químicas.

Respuesta correcta: c) Estudio de los tejidos a nivel microscópico.

La histología es una rama de la biología que nos permite adentrarnos en el mundo invisible a simple vista. El de los tejidos biológicos. Cuando hablamos de histología, nos referimos a un campo científico que emplea la potencia del microscopio para explorar la estructura y la composición de los tejidos a un nivel celular y subcelular. Este estudio minucioso se enfoca en examinar cómo están organizadas y qué tipos de células las conforman. Se busca entender cómo estas células se conectan entre sí, cómo interactúan y cuál es su disposición relativa. Al comprender esta disposición y la naturaleza de las células dentro de los tejidos, podemos apreciar cómo se forman órganos completos y sistemas complejos en el cuerpo humano.

Solución al test n.º 12

1. b) Lenguaje especializado para describir el cuerpo humano.

2. c) Epi-.

3. a) Cabeza.

4. c) Hist-.

5. b) Intra-.

6. c) -rrafía.

7. a) División o separación quirúrgica.

8. b) Derm(o)-.

9. a) Urología.

10. a) Apnea.

11. c) Maniobra de Heimlich.

12. c) NPO.

13. b) Sistema Linfático.

14. b) Producir y secretar hormonas directamente en el torrente sanguíneo.

15. c) Patología.

16. a) Comprender cómo funcionan los sistemas del cuerpo.

17. b) Artro-.

18. b) Encefalitis.

19. c) Catabolismo.

20. c) Estudio de los tejidos a nivel microscópico.

TEST N.º 13

Selección y codificación
de diagnósticos y procedimientos

1. ¿Qué se entiende por salud en el ámbito de la medicina y la salud pública?

a) Ausencia de enfermedad.
b) Un estado completo de bienestar físico, mental y social.
c) Presencia de factores genéticos favorables.
d) Mantener una dieta equilibrada.

2. ¿Cuál es una característica de las enfermedades crónicas?

a) Desarrollo rápido de síntomas intensos.
b) Resolución completa en un corto periodo.
c) Persistencia a largo plazo.
d) Presencia de síntomas evidentes solo en la fase terminal.

3. ¿En qué fase de la evolución de una enfermedad los síntomas son prominentes y pueden aparecer rápidamente?

a) Fase crónica.
b) Fase terminal.
c) Fase de remisión.
d) Fase aguda.

4. ¿Qué enfermedades son malformaciones del corazón presentes desde el nacimiento?

a) Enfermedades del corazón.
b) Enfermedades vasculares.
c) Enfermedades cardíacas congénitas.
d) Insuficiencia cardíaca.

5. ¿Cuál de las siguientes enfermedades se caracteriza por episodios recurrentes de actividad cerebral anormal y puede manifestarse como convulsiones?

a) Esclerosis Lateral Amiotrófica (ELA).
b) Enfermedad de Parkinson.
c) Esclerosis Múltiple.
d) Epilepsia.

6. ¿Cuál de las siguientes enfermedades neurológicas se caracteriza principalmente por problemas de movimiento, como temblores, rigidez muscular y lentitud en los movimientos?

a) Migraña.
b) Esclerosis Lateral Amiotrófica (ELA).
c) Enfermedad de Parkinson.
d) Enfermedad de Alzheimer.

7. ¿Qué enfermedad autoinmune afecta principalmente las articulaciones, causando inflamación, dolor y eventualmente daño en el tejido articular?

a) Lupus Eritematoso Sistémico (LES).
b) Artritis Reumatoide.
c) Psoriasis.
d) Enfermedad de Crohn.

8. ¿Cuál de las siguientes afirmaciones es cierta sobre los tumores benignos?

a) Se diseminan a distancia y forman metástasis.
b) Tienden a invadir tejidos vecinos.
c) No regresan frecuentemente después de la cirugía.
d) Tienen una tasa de crecimiento rápida e incontrolable.

9. ¿Qué consecuencia puede tener la presencia de metástasis en el pronóstico de una enfermedad?

a) Mejoría en el pronóstico.
b) Reducción de posibilidades de curación.
c) Menor impacto en la enfermedad.
d) No afecta el pronóstico.

10. ¿Cuál de las siguientes áreas de la patología se centra en el estudio microscópico de muestras de tejido para identificar enfermedades?

a) Patología clínica.
b) Patología forense.

c) Anatomía patológica.
d) Semiología.

11. ¿Qué tipo de diagnóstico se basa principalmente en la evaluación de los síntomas, signos clínicos y antecedentes médicos del paciente?

a) Diagnóstico clínico.
b) Diagnóstico por imagen.
c) Diagnóstico de laboratorio.
d) Diagnóstico molecular.

12. ¿Qué tipo de examen evalúa la capacidad auditiva del paciente mediante tonos de diferentes frecuencias e intensidades?

a) Tomografía computarizada (TC).
b) Audiometría.
c) Resonancia magnética (RM).
d) Radiografía.

13. ¿Qué prueba médica utiliza campos magnéticos y ondas de radio para obtener imágenes detalladas de los tejidos blandos sin emplear radiación ionizante?

a) Radiografía.
b) Espirometría.
c) Endoscopia.
d) Resonancia magnética (RM).

14. ¿Qué método de diagnóstico por imágenes es útil para examinar tejidos blandos, órganos y estructuras anatómicas con gran precisión?

a) Tomografía computarizada (TC).
b) Audiometría.
c) Endoscopia.
d) Resonancia magnética (RM).

15. ¿Cuál de las técnicas de diagnóstico por imágenes permite ver los órganos desde diferentes ángulos para detectar y evaluar diversas condiciones médicas?

a) Resonancia magnética (RM).
b) Tomografía computarizada (TC).
c) Radiografía.
d) Biopsia.

En MADTEST tienes **más preguntas de este tema, comentadas y argumentadas**, y todos tus avances quedan registrados y se reflejan en el ranking.

¡Supera tus límites con MADTEST!

A continuación te presentamos algunos ejemplos de preguntas comentadas:

16. ¿Cuál es la función principal de la selección y codificación de diagnósticos y procedimientos en el ámbito de la atención médica?

a) Facilitar la comunicación entre pacientes y profesionales de la salud.
b) Garantizar la gestión financiera de las organizaciones de atención médica.
c) Traducir hallazgos médicos y procedimientos en un lenguaje codificado y estandarizado.
d) Gestionar la privacidad y seguridad de los datos médicos electrónicos.

Respuesta correcta: c) Traducir hallazgos médicos y procedimientos en un lenguaje codificado y estandarizado.

La selección y codificación de diagnósticos y procedimientos en el ámbito de la atención médica tienen como objetivo principal traducir la información clínica y los hallazgos médicos en un formato codificado y estandarizado. Esto facilita la comunicación entre los profesionales de la salud, asegurando que la información sobre diagnósticos, tratamientos y procedimientos sea precisa y comprensible para diferentes sistemas de salud, organizaciones y profesionales médicos. Además, este proceso es fundamental para el registro y almacenamiento de datos médicos, la facturación precisa de servicios médicos y la gestión eficiente de la información clínica en los registros electrónicos de salud.

17. ¿Cuál es el tipo de cáncer que comienza en las vías respiratorias y está relacionado principalmente con el tabaquismo y la exposición a ciertos carcinógenos?

a) Cáncer de mama.
b) Cáncer de próstata.
c) Leucemia.
d) Cáncer de pulmón.

Respuesta correcta: d) Cáncer de pulmón.

El cáncer de pulmón es un tipo de cáncer que comienza en las vías respiratorias y está estrechamente relacionado con el tabaquismo y la exposición a carcinógenos, especialmente el humo del tabaco y la exposición a sustancias químicas nocivas presentes en el ambiente. Este tipo de cáncer es uno de los más letales y su incidencia está muy ligada al hábito de fumar. Los carcinógenos presentes en el humo del tabaco pueden dañar el ADN en las células pulmonares, desencadenando cambios que conducen al crecimiento descontrolado de células malignas en los pulmones. Además, el cáncer de pulmón puede ser asintomático en sus etapas iniciales, lo que dificulta su detección temprana y tratamiento eficaz.

18. ¿Qué trastorno autoinmune afecta el revestimiento del tracto gastrointestinal, causando inflamación, dolor abdominal y diarrea?

a) Enfermedad de Crohn.
b) Lupus Eritematoso Sistémico (LES).
c) Diabetes Tipo 1.
d) Esclerosis Múltiple.

Respuesta correcta: a) Enfermedad de Crohn.

La enfermedad de Crohn es un trastorno autoinmune que afecta el revestimiento del tracto gastrointestinal, provocando inflamación crónica, dolor abdominal y diarrea. Esta afección pertenece al grupo de enfermedades inflamatorias intestinales (EII) y puede afectar cualquier parte del tracto gastrointestinal, desde la boca hasta el ano. La enfermedad de Crohn causa inflamación en las capas del tejido del tracto digestivo, llevando a la formación de úlceras y daño en el tejido, lo que provoca síntomas como dolor abdominal, diarrea con sangre, fatiga y pérdida de peso.

19. ¿Qué método de diagnóstico proporciona imágenes detalladas de los tejidos blandos del cuerpo sin usar radiación ionizante?

a) Radiografía.
b) Resonancia magnética (RM).
c) Tomografía computarizada (TC).
d) Endoscopia.

Respuesta correcta: b) Resonancia magnética (RM).

La resonancia magnética (RM) es una técnica avanzada de diagnóstico por imágenes que se basa en la interacción de campos magnéticos y ondas de radio para generar imágenes de alta resolución. Esta herramienta es especialmente útil para visualizar detalles de los tejidos blandos, como músculos, ligamentos y órganos internos, ofreciendo una visión detallada de la anatomía sin la exposición a la radiación ionizante, lo que la convierte en una opción segura para muchos pacientes, incluidos los niños y mujeres embarazadas. Su capacidad para capturar imágenes en diferentes planos y con una excelente resolución la hace invaluable en la detección y diagnóstico preciso de una amplia gama de condiciones médicas, desde lesiones musculoesqueléticas hasta trastornos neurológicos.

20. ¿Cuál de las siguientes pruebas se utiliza para visualizar áreas internas del cuerpo, como el tracto gastrointestinal o las vías respiratorias?

a) Endoscopia.
b) Audiometría.
c) Espirometría.
d) Radiografía.

Respuesta correcta: b) Audiometría.

La endoscopia es la prueba médica utilizada para visualizar áreas internas del cuerpo, como el tracto gastrointestinal o las vías respiratorias, mediante el uso de un endoscopio, un instrumento delgado y flexible con una cámara en el extremo. Esta técnica permite examinar visualmente el interior de los órganos, diagnosticar condiciones y realizar procedimientos terapéuticos mínimamente invasivos.

Solución al test n.º 13

1. b) Un estado completo de bienestar físico, mental y social.

2. c) Persistencia a largo plazo.

3. d) Fase aguda.

4. c) Enfermedades cardíacas congénitas.

5. d) Epilepsia.

6. c) Enfermedad de Parkinson.

7. b) Artritis Reumatoide.

8. c) No regresan frecuentemente después de la cirugía.

9. b) Reducción de posibilidades de curación.

10. c) Anatomía patológica.

11. a) Diagnóstico clínico.

12. b) Audiometría.

13. d) Resonancia magnética (RM).

14. d) Resonancia magnética (RM).

15. b) Tomografía computarizada (TC).

16. c) Traducir hallazgos médicos y procedimientos en un lenguaje codificado y estandarizado.

17. d) Cáncer de pulmón.

18. a) Enfermedad de Crohn.

19. b) Resonancia magnética (RM).

20. b) Audiometría.

TEST N.º 14

Sistemas de clasificación de enfermedades

1. ¿Cuál es uno de los impactos más significativos de los sistemas de clasificación de enfermedades en la atención médica moderna?

a) Facilitan el seguimiento y la investigación epidemiológica.
b) Determinan exclusivamente la asignación de recursos.
c) Limitan la toma de decisiones clínicas.
d) No influyen en la planificación de la atención médica.

2. ¿Qué función cumplen los sistemas de clasificación de enfermedades en la atención médica?

a) Exclusivamente para registrar información médica.
b) Únicamente para la toma de decisiones clínicas.
c) Proporcionar un marco organizativo para registrar, comunicar y analizar información sobre enfermedades y condiciones médicas.
d) Limitar la investigación epidemiológica.

3. ¿Por qué son relevantes los avances tecnológicos en la evolución de los sistemas de clasificación de enfermedades?

a) No influyen en el desarrollo o uso de los sistemas de clasificación.
b) Porque los avances tecnológicos han reemplazado completamente a estos sistemas.
c) Ayudan a abordar desafíos contemporáneos en la salud pública y la medicina.
d) Únicamente influyen en la globalización de los sistemas de salud.

4. ¿Qué conceptos fundamentales de la Medicina Tradicional China (MTC) influyen en su clasificación de enfermedades?

a) Anatomía y fisiología humanas.
b) Conceptos de yin y yang, los cinco elementos y el flujo energético Qi.
c) Enfermedades específicas de órganos.
d) Técnicas de diagnóstico occidental.

5. ¿Cómo se diferencian los sistemas de clasificación de la Medicina Tradicional China de los sistemas occidentales?

a) Se centran en categorizar enfermedades por órganos específicos.

b) Consideran los factores energéticos, emocionales y ambientales en la etiología y tratamiento.

c) Utilizan exclusivamente métodos de diagnóstico visual.

d) No tienen influencia en la atención médica moderna.

6. ¿Qué papel desempeñan las hierbas y minerales en la Medicina Tradicional China?

a) No se utilizan en el tratamiento de enfermedades.

b) Se emplean solo en la medicina occidental.

c) Son elementos decorativos sin efectos medicinales.

d) Se clasifican en la Materia Médica China según propiedades y acciones en el cuerpo.

7. ¿Qué métodos de diagnóstico se utilizan en la Medicina Tradicional China para identificar desequilibrios energéticos?

a) Análisis de sangre y radiografías.

b) Inspección del pulso, la lengua y entrevistas con el paciente.

c) Pruebas de laboratorio avanzadas.

d) Escáneres cerebrales.

8. ¿Cuál fue el hito en la evolución de los sistemas de clasificación médica a nivel global?

a) La llegada de la Clasificación Internacional de Enfermedades (CIE.).

b) El establecimiento del comité de expertos en 1946.

c) La elaboración de la sexta revisión decenal de las Listas Internacionales de Enfermedades.

d) El inicio de la Oficina Internacional de Estadísticas en 1893.

9. ¿Cuál fue el propósito original de la Clasificación Internacional de Enfermedades (CIE) en 1893?

a) Facilitar la comunicación entre médicos.

b) Recopilar información sobre las causas de defunción.

c) Establecer una base de datos médica global.

d) Desarrollar sistemas de diagnóstico más precisos.

10. ¿Qué resultado importante surgió del esfuerzo del comité establecido en 1946?

a) Una nueva forma de diagnóstico médico.

b) La implementación de la Medicina Tradicional China.

c) La Clasificación Internacional de Enfermedades, Traumatismos y Causas de Defunción.

d) Un estudio exhaustivo sobre las enfermedades más comunes.

11. ¿Cuál ha sido uno de los impactos más significativos de la evolución de la CIE a lo largo del tiempo?

a) Se centró únicamente en las causas de muerte.

b) Se expandió para incluir enfermedades y trastornos no fatales.

c) Fue reemplazada por sistemas de clasificación regionales.

d) No influyó en la investigación médica moderna.

12. ¿Por qué ha sido fundamental la revisión continua de la Clasificación Internacional de Enfermedades (CIE) a lo largo de las ediciones?

a) Para incluir exclusivamente causas de muerte.

b) Para excluir enfermedades no fatales.

c) Para limitar su uso a estadísticas de mortalidad.

d) Para adaptarse a estándares y necesidades globales de clasificación de enfermedades y causas de defunción.

13. ¿Cuál ha sido el impacto principal de la evolución de la CIE en el ámbito médico?

a) Limitar la comprensión de enfermedades.

b) Facilitar únicamente la gestión de la salud pública.

c) Proporcionar una base común para la comprensión, clasificación y comunicación de enfermedades en todo el mundo.

d) Restringir la investigación epidemiológica.

14. ¿Cuál es el propósito principal de la Clasificación Internacional de Enfermedades (CIE)?

a) Facilitar únicamente la facturación en el campo médico.

b) Ayudar a los profesionales de la salud a clasificar y codificar enfermedades, trastornos y condiciones de salud.

c) Establecer un estándar global para la clasificación de enfermedades infecciosas.

d) Ser exclusivamente un recurso para la investigación epidemiológica.

15. ¿Cuál fue el enfoque inicial de la primera edición de la CIE en 1893?

a) Centrarse en las causas de muerte.

b) Categorizar únicamente enfermedades.

c) Clasificar trastornos neurológicos.

d) Describir afecciones cardíacas.

En MADTEST tienes **más preguntas de este tema, comentadas y argumentadas**, y todos tus avances quedan registrados y se reflejan en el ranking.

¡Supera tus límites con MADTEST!

A continuación te presentamos algunos ejemplos de preguntas comentadas:

16. ¿Cuál es el propósito principal de la clasificación CPOE?

a) Codificar procedimientos quirúrgicos.
b) Estandarizar la documentación en enfermería.
c) Ingresar órdenes médicas y prescripciones electrónicas.
d) Clasificar problemas de salud en atención primaria.

Respuesta correcta: c) Ingresar órdenes médicas y prescripciones electrónicas.

La CPOE (*Computerized Physician Order Entry*) es un sistema utilizado para ingresar órdenes médicas y prescripciones electrónicas en los entornos de atención médica. Este sistema ayuda a mejorar la precisión y la seguridad en la administración de la atención médica al permitir que los médicos ingresen y gestionen órdenes de manera electrónica.

17. ¿Cuál de los sistemas de clasificación se utiliza para categorizar y medir el consumo de medicamentos a nivel internacional?

a) CPIQ.
b) PCNE.
c) ATC/DDD.
d) ICDH-2.

Respuesta correcta: c) ATC/DDD.

El sistema de clasificación ATC/DDD se utiliza para clasificar y medir el consumo de medicamentos a nivel internacional. ATC (Anatomical Therapeutic Chemical) clasifica los medicamentos en grupos según su uso terapéutico y su estructura química, mientras que DDD (Defined Daily Dose) es una unidad de medida utilizada para estimar y comparar el consumo de medicamentos.

18. ¿Cuál es la función principal de la clasificación NIC en enfermería?

a) Identificar diagnósticos de enfermería.
b) Medir y evaluar resultados de intervenciones.

c) Codificar procedimientos quirúrgicos.
d) Categorizar productos médicos.

Respuesta correcta: b) Medir y evaluar resultados de intervenciones.

La Clasificación de Intervenciones de Enfermería (NIC) se utiliza para medir y evaluar los resultados de las intervenciones realizadas por enfermeros y enfermeras. Ayuda a categorizar y evaluar los resultados de las acciones que llevan a cabo los profesionales de enfermería en el cuidado de los pacientes.

19. ¿Qué clasificación se utiliza para describir las funciones y limitaciones funcionales de las personas?

a) SNOMED CT.
b) NANDA-I.
c) ICIDH-2.
d) CIE-11.

Respuesta correcta: c) ICIDH-2.

La ICIDH-2 (Clasificación Internacional de Funciones, Discapacidades y Síndromes Clínicos) se centra en describir las funciones y limitaciones funcionales de las personas, así como en los síndromes clínicos relacionados con la salud. Esta clasificación tiene como objetivo principal comprender y catalogar los aspectos funcionales y de salud de los individuos, abarcando una perspectiva más amplia que solo las enfermedades o diagnósticos médicos. En lugar de centrarse en los aspectos patológicos, se enfoca en cómo las condiciones afectan la funcionalidad y la vida diaria de las personas, lo que la distingue de otras clasificaciones más centradas en la enfermedad.

20. ¿Cuál de los sistemas de clasificación se enfoca en los problemas de salud, síntomas y diagnósticos en la atención general y primaria de pacientes?

a) ICPC.
b) PCNE.
c) NIC.
d) CPOE.

Respuesta correcta: a) ICPC.

La ICPC se utiliza en medicina general y atención primaria para clasificar problemas de salud, síntomas y diagnósticos encontrados en la atención a pacientes. Permite a los profesionales de la salud y a los sistemas de atención médica clasificar y registrar los motivos de consulta de los pacientes, los diagnósticos, los tratamientos y otros aspectos relevantes de la atención en el ámbito de la atención primaria.

Solución al test n.º 14

1. a) Facilitan el seguimiento y la investigación epidemiológica.

2. c) Proporcionar un marco organizativo para registrar, comunicar y analizar información sobre enfermedades y condiciones médicas.

3. c) Ayudan a abordar desafíos contemporáneos en la salud pública y la medicina.

4. b) Conceptos de yin y yang, los cinco elementos y el flujo energético Qi.

5. b) Consideran los factores energéticos, emocionales y ambientales en la etiología y tratamiento.

6. d) Se clasifican en la Materia Médica China según propiedades y acciones en el cuerpo.

7. b) Inspección del pulso, la lengua y entrevistas con el paciente.

8. a) La llegada de la Clasificación Internacional de Enfermedades (CIE.).

9. a) Facilitar la comunicación entre médicos.

10. c) La Clasificación Internacional de Enfermedades, Traumatismos y Causas de Defunción.

11. b) Se expandió para incluir enfermedades y trastornos no fatales.

12. d) Para adaptarse a estándares y necesidades globales de clasificación de enfermedades y causas de defunción.

13. c) Proporcionar una base común para la comprensión, clasificación y comunicación de enfermedades en todo el mundo.

14. b) Ayudar a los profesionales de la salud a clasificar y codificar enfermedades, trastornos y condiciones de salud.

15. a) Centrarse en las causas de muerte.

16. c) Ingresar órdenes médicas y prescripciones electrónicas.

17. c) ATC/DDD.

18. b) Medir y evaluar resultados de intervenciones.

19. c) ICIDH-2.

20. a) ICPC.

TEST N.º 15

Proceso de codificación y extracción de términos

1. ¿Qué implica el proceso de extracción de términos en el campo de la informática y la gestión de información?

a) La identificación de frases únicas para resúmenes automáticos.
b) La captura de palabras o frases clave relevantes en un conjunto de documentos.
c) La asignación de identificadores a códigos de barras.
d) La transformación de información numérica en palabras clave para motores de búsqueda.

2. ¿Qué implica el paso de tokenización en el procesamiento de lenguaje natural?

a) Convertir todas las letras a minúsculas.
b) Eliminar palabras comunes sin significado.
c) Preparar el texto para análisis de datos.
d) Dividir el texto en unidades más pequeñas.

3. ¿Qué papel desempeña la tokenización en el procesamiento de lenguaje natural (NLP)?

a) Filtrar palabras vacías.
b) Eliminar caracteres especiales.
c) Dividir un texto en unidades más pequeñas llamadas tokens.
d) Convertir palabras a códigos numéricos.

4. ¿Qué es un episodio asistencial en el contexto médico?

a) Una serie de eventos sociales.
b) Una sucesión de servicios médicos proporcionados a un paciente durante un período específico de atención.
c) Una recopilación de datos administrativos.
d) Un protocolo para cuidados preventivos.

5. ¿Qué función cumplen los diagnósticos secundarios en un episodio asistencial?

a) Son diagnósticos relacionados con atenciones previas.
b) Coexisten con el diagnóstico principal y pueden influir en la duración del tratamiento.

c) Son diagnósticos que surgen durante la atención pero no tienen relevancia para el tratamiento.

d) Aparecen al final del diagnóstico principal.

6. ¿Cuál es el propósito del Índice Alfabético de Enfermedades (IAE) en la CIE-10-ES?

a) Proporcionar códigos para enfermedades específicas.

b) Ordenar las enfermedades por gravedad.

c) Organizar las enfermedades alfabéticamente para su codificación.

d) Incluir solo enfermedades comunes.

7. ¿Cómo se localiza el término principal en el Índice Alfabético de Enfermedades (IAE)?

a) Buscando entre los términos modificadores.

b) Saltando las notas e instrucciones.

c) Leyendo y analizando los modificadores esenciales.

d) Buscando la palabra clave para la codificación de un diagnóstico o enfermedad.

8. ¿En qué secciones se divide la Lista Tabular de Enfermedades en la CIE-10-ES?

a) Por número de habitación.

b) Por área de especialidad médica.

c) Por criterios anatómicos o nosológicos.

d) Por orden alfabético de síntomas.

9. ¿Qué representa el código O00-O9A en la CIE-10-ES?

a) Enfermedades del aparato digestivo.

b) Trastornos mentales y de comportamiento.

c) Enfermedades del aparato circulatorio.

d) Embarazo, parto y puerperio.

10. ¿Cuál es la longitud y composición de los códigos en la CIE-10-ES Procedimientos?

a) Cinco caracteres, solo valores numéricos.

b) Siete caracteres, valores alfanuméricos.

c) Ocho caracteres, solo letras del alfabeto.

d) Seis caracteres, solo números del 0 al 5.

11. ¿Cuál de las siguientes secciones en la CIE-10-ES Procedimientos corresponde a la mayoría de los procedimientos realizados en el ámbito de hospitalización?

a) Sección de Obstetricia.

b) Sección Médico-Quirúrgica.

c) Sección de Imagen.

d) Sección de Tratamiento de abuso de sustancias.

12. ¿Cuántas secciones conforman la CIE-10-ES Procedimientos?

a) 15 secciones.
b) 17 secciones.
c) 20 secciones.
d) 21 secciones.

13. ¿Cuál es el propósito de la tercera posición en un código de procedimiento en la CIE-10-ES Procedimientos?

a) Define la localización anatómica.
b) Establece la sección general del procedimiento.
c) Identifica el sistema orgánico involucrado.
d) Define el objetivo o tipo de procedimiento.

14. ¿Cuál es uno de los objetivos principales de la agrupación de diagnósticos y procedimientos en la gestión de la atención médica?

a) Facilitar la facturación y el reembolso de servicios médicos.
b) Mejorar la eficiencia de los servicios quirúrgicos.
c) Aumentar los costos de atención médica.
d) Limitar la evaluación de la calidad de la atención médica.

15. ¿Qué beneficio se deriva de la adecuada agrupación de diagnósticos y procedimientos en la gestión de la atención médica?

a) Aumento de errores de codificación y facturación.
b) Reducción de la eficacia clínica en los tratamientos.
c) Facilitación de la comparación de resultados de salud.
d) Disminución de la transparencia en la atención médica.

En MADTEST tienes **más preguntas de este tema, comentadas y argumentadas**, y todos tus avances quedan registrados y se reflejan en el ranking.

¡Supera tus límites con MADTEST!

A continuación te presentamos algunos ejemplos de preguntas comentadas:

16. ¿Cuál es uno de los pasos iniciales en el proceso de codificación de texto?

a) Preprocesamiento del texto.
b) Tokenización.
c) Recopilación de datos.
d) Corrección de errores ortográficos.

Respuesta correcta: a) Preprocesamiento del texto.

Este paso se realiza antes de la codificación, para que los datos estén limpios y listos para ser analizados. La recopilación de datos (c) es el primer paso general en la adquisición de información, pero el preprocesamiento del texto es esencial para limpiar, normalizar y preparar el texto para el análisis. Corregir errores ortográficos (d) también es importante, pero se lleva a cabo dentro del preprocesamiento del texto. La tokenización (b) ocurre después del preprocesamiento, por lo que no es el paso inicial en la codificación.

17. ¿Qué parte compone la CIE-10-ES Diagnósticos?

a) El Índice Alfabético de Enfermedades.
b) Índice de Trastornos Mentales.
c) Lista de informes quirúrgicos.
d) Lista de Procedimientos Médicos.

Respuesta correcta: a) El Índice Alfabético de Enfermedades.

La CIE-10-ES Diagnósticos se compone de dos partes bien diferenciadas: El Índice Alfabético de Enfermedades (IAE) y la Lista Tabular de Enfermedades (LT). La estructura del Índice Alfabético de Enfermedades (IAE) es similar a la de un diccionario cuyos términos están ordenados alfabéticamente, distinguiéndose término principal y términos modificadores no esencias y esenciales.

18. ¿Qué indica un guion al final de una entrada del Índice Alfabético de Enfermedades (IAE)?

a) Que no se requieren caracteres adicionales.
b) Que la enfermedad tiene subtipos.
c) Que se necesitan más detalles para la codificación.
d) Que el término principal no es válido.

Respuesta correcta: c) Que se necesitan más detalles para la codificación.

Un guion al final de una entrada en el Índice Alfabético e Enfermedades indica que se requieren caracteres adicionales para especificar con mayor precisión la condición médica o el diagnóstico. Es una señal de que se necesita más información para codificar de manera más específica.

19. ¿Qué subdivisión se realiza dentro del sistema cardiovascular en la CIE-10-ES Procedimientos?

a) En arterias superiores e inferiores.
b) En sistema nervioso central y periférico.
c) En sistema urinario y reproductor.
d) En sistema endocrino y linfático.

Respuesta correcta: a) En arterias superiores e inferiores.

Dentro del sistema cardiovascular, la subdivisión en la CIE-10-ES Procedimientos entre arterias superiores e inferiores proporciona una especificidad adicional en la codificación de procedimientos médicos o quirúrgicos. Esta diferenciación se realiza debido a las diferencias anatómicas y funcionales entre las arterias ubicadas en diferentes partes del cuerpo. Las arterias superiores generalmente se refieren a las arterias del cuello, los brazos y el tronco que se encuentran más cercanas al corazón, como la arteria carótida, subclavia y axilar. Por otro lado, las arterias inferiores abarcan aquellas en las piernas, como la femoral, poplítea o tibial, que se encuentran más lejos del corazón. Esta subdivisión es necesaria en la codificación de procedimientos ya que algunos tratamientos o intervenciones pueden ser específicos para las arterias de la parte superior del cuerpo, mientras que otros pueden estar dirigidos a las arterias de las extremidades inferiores. Identificar la ubicación anatómica precisa del procedimiento en estas áreas ayuda a garantizar una documentación detallada y específica en el registro médico y facilita la comunicación entre profesionales de la salud, lo que a su vez mejora la precisión en la atención médica y el proceso de facturación.

20. ¿Cuál de los siguientes sistemas de clasificación se utiliza para codificar procedimientos médicos y quirúrgicos en los Estados Unidos?

a) CIE-10.
b) DRG.
c) CPT-4.
d) Código Internacional de Enfermedades.

Respuesta correcta: c) CPT-4.

El sistema CPT-4, siglas en inglés de *Current Procedural Terminology*, es un sistema de codificación que se emplea principalmente en los Estados Unidos para identificar y codificar procedimientos médicos y quirúrgicos. Es mantenido por la *American Medical Association* (AMA) y es utilizado ampliamente por los profesionales de la salud, los médicos y los centros de atención médica para registrar y facturar los procedimientos realizados. El CPT-4 proporciona códigos numéricos de cinco dígitos que describen los servicios médicos prestados, lo que permite una documentación precisa de los procedimientos y facilita la facturación para seguros médicos, Medicare y otras entidades pagadoras. Este sistema está diseñado específicamente para procedimientos médicos y es complementario a la CIE-10, que se enfoca en diagnósticos y otros aspectos de la salud.

Solución al test n.º 15

1. b) La captura de palabras o frases clave relevantes en un conjunto de documentos.

2. d) Dividir el texto en unidades más pequeñas.

3. c) Dividir un texto en unidades más pequeñas llamadas tokens.

4. b) Una sucesión de servicios médicos proporcionados a un paciente durante un período específico de atención.

5. b) Coexisten con el diagnóstico principal y pueden influir en la duración del tratamiento.

6. a) Proporcionar códigos para enfermedades específicas.

7. d) Buscando la palabra clave para la codificación de un diagnóstico o enfermedad.

8. c) Por criterios anatómicos o nosológicos.

9. d) Embarazo, parto y puerperio.

10. a) Cinco caracteres, solo valores numéricos.

11. b) Sección Médico-Quirúrgica.

12. d) 21 secciones.

13. d) Define el objetivo o tipo de procedimiento.

14. a) Facilitar la facturación y el reembolso de servicios médicos.

15. c) Facilitación de la comparación de resultados de salud.

16. a) Preprocesamiento del texto.

17. a) El Índice Alfabético de Enfermedades.

18. c) Que se necesitan más detalles para la codificación.

19. a) En arterias superiores e inferiores.

20. c) CPT-4.

TEST N.º 16

Conjunto mínimo básico de datos (CMBD)

1. ¿Cuál es uno de los propósitos principales del Conjunto Mínimo Básico de Datos (CMBD) en el ámbito de la atención médica?

a) Mejorar la calidad de la atención médica.
b) Reducir la disponibilidad de información relevante.
c) Limitar el acceso a los datos médicos esenciales.
d) Impedir la toma de decisiones informadas en salud.

2. ¿Cuál es uno de los usos principales del CMBD en entornos hospitalarios?

a) Programación de actividades recreativas para los pacientes.
b) Registro y gestión de información de pacientes.
c) Análisis de los fármacos más demandados.
d) Creación de recetas de complementos naturales.

3. ¿Qué función cumple el CMBD en la evaluación de la calidad asistencial?

a) Facilita la gestión de redes sociales.
b) Monitorea indicadores de calidad de atención médica.
c) Organiza visitas a los pacientes.
d) Diseña campañas publicitarias para las enfermedades infecciosas.

4. ¿Para qué se utiliza el CMBD en la planificación de servicios de salud?

a) Organización de citas médicas.
b) Identificación de áreas de mejora.
c) Composición de material médico.
d) Comprensión de la demanda de atención médica y asignación de recursos.

5. ¿En qué área se utiliza el CMBD para la educación médica y formación de profesionales de la salud?

a) Preparación de eventos médicos.
b) Enseñanza sobre gestión de casos y atención basada en evidencia.

c) Producción de charlas informativas de vacunas.
d) Creación de programas de atención a la adolescencia.

6. ¿Qué beneficio se obtiene al utilizar el CMBD en la gestión de recursos hospitalarios?

a) Reducción de costos y mejora en la utilización de recursos.
b) Disminución de la calidad asistencial.
c) Aumento de la demanda de servicios médicos.
d) Pérdida de información sobre pacientes.

7. ¿Cuál de los siguientes elementos se utiliza en la clasificación de los pacientes en grupos de DRG?

a) Diagnóstico de alta.
b) Fecha y hora de inicio de contacto.
c) Tipo de contacto.
d) Diagnóstico principal.

8. ¿Qué indica el marcador POA1 en el contexto de los diagnósticos?

a) Indica el estado del paciente al alta.
b) Identifica si el diagnóstico estaba presente al momento del ingreso.
c) Indica si el paciente tuvo una intervención quirúrgica.
d) Define el tipo de contacto del paciente.

9. ¿Qué datos proporciona información sobre la duración de la estancia de un paciente en la Unidad de Cuidados Intensivos (UCI)?

a) Código INE municipio de residencia.
b) Fecha y hora de intervención quirúrgica.
c) Días de estancia en UCI.
d) Tipo de alta hospitalaria.

10. ¿Cuál de los siguientes datos registra los procedimientos médicos y tratamientos realizados durante la hospitalización?

a) Datos de ingreso y egreso.
b) Datos de alta.
c) Medicación administrada.
d) Datos administrativos del episodio.

11. ¿Para qué se utiliza el marcador POA2 en el contexto de los diagnósticos secundarios?

a) Para identificar el país de residencia del paciente.
b) Para registrar la fecha y hora de inicio de contacto.

c) Para especificar si un diagnóstico secundario estaba presente al momento del ingreso.

d) Para indicar la fecha y hora de finalización del contacto del paciente.

12. ¿Qué información se encuentra dentro de los Datos de alta en un registro hospitalario?

a) Detalles sobre la fecha y hora de ingreso del paciente.

b) Indicaciones sobre la dieta a seguir después del alta.

c) Información sobre el estado de salud del paciente al momento de dejar el hospital.

d) Reporte de la medicación administrada durante la estancia en el hospital.

13. ¿Cuál de las siguientes opciones NO representa un tipo de alta al finalizar la estancia de un paciente en un centro sanitario?

a) Alta hospitalaria.

b) Traslado a otro centro médico.

c) Alta de riesgo.

d) Alta voluntaria.

14. ¿Quiénes son usuarios clave del CMBD según la descripción?

a) Administradores sanitarios.

b) Ciudadanos y pacientes.

c) Investigadores médicos y científicos.

d) Todos los anteriores.

15. ¿Qué implica la interoperabilidad del CMBD entre diferentes comunidades autónomas?

a) Compartir información médica de manera segura y efectiva.

b) Limitar el acceso a los datos del CMBD.

c) No permitir la comunicación entre diferentes bases de datos del CMBD.

d) Restringir la disponibilidad de información médica.

En MADTEST tienes **más preguntas de este tema, comentadas y argumentadas**, y todos tus avances quedan registrados y se reflejan en el ranking.

¡Supera tus límites con MADTEST!

A continuación te presentamos algunos ejemplos de preguntas comentadas:

16. ¿Qué función desempeña el CMBD en la gestión de pacientes y la planificación de servicios de salud?

a) Dificultar la comprensión de los procesos de atención médica.

b) Facilitar la recopilación de información no estandarizada.

c) Mejorar la eficiencia en la gestión de pacientes y servicios de salud.
d) Limitar su uso exclusivamente a la investigación médica.

Respuesta correcta: c) Mejorar la eficiencia en la gestión de pacientes y servicios de salud.

El CMBD ayuda a mejorar la eficiencia en la gestión de pacientes y servicios de salud. Al recopilar datos estandarizados y detallados sobre la atención médica, facilita la evaluación de la calidad y eficiencia de los servicios sanitarios. Estos datos son fundamentales para identificar áreas de mejora, asignar recursos de manera más eficiente y planificar estratégicamente los servicios de salud. Además, permite comprender los patrones de utilización de los servicios médicos, optimizando la distribución de recursos y mejorando la calidad de la atención.

17. ¿En qué área se utiliza el CMBD para identificar tendencias de enfermedades y evaluar la eficacia de tratamientos?

a) Tanatopraxia.
b) Bolsa de empleo hospitalario.
c) Diseño de espacios para pacientes.
d) Investigación médica y epidemiología.

Respuesta correcta: d) Investigación médica y epidemiología.

En el campo de la investigación médica y la epidemiología, el CMBD se utiliza para identificar tendencias de enfermedades, evaluar la eficacia de los tratamientos y realizar estudios epidemiológicos. La información recopilada en el CMBD proporciona datos clave para comprender la prevalencia de enfermedades, los resultados de los tratamientos y el impacto de diversas condiciones de salud en la población.

18. ¿Para qué sirve el diagnóstico principal en un episodio de atención médica hospitalaria?

a) Para identificar el país de nacimiento del paciente.
b) Para asignar el grupo de DRG.
c) Para indicar la fecha de ingreso del paciente.
d) Para registrar la fecha y hora de la salida del paciente.

Respuesta correcta: b) Para asignar el grupo de DRG.

El diagnóstico principal en un episodio de atención médica hospitalaria sirve principalmente para asignar el grupo de Diagnóstico Relacionado (DRG). Este código de diagnóstico es fundamental para la clasificación y el reembolso de servicios de salud, ayudando a categorizar a los pacientes según sus afecciones médicas y los recursos necesarios para su atención. El DRG se utiliza en sistemas de pago basados en diagnósticos para determinar la tarifa que se paga por cada paciente en función de su condición médica principal y otros factores asociados.

19. ¿Cuál de las siguientes opciones describe mejor la función del diagnóstico principal en un episodio de atención médica hospitalaria?

a) Indica el estado del paciente al momento del ingreso.
b) Define el estado del paciente al alta.
c) Es el diagnóstico más grave del paciente.
d) Proporciona información adicional sobre la salud del paciente.

Respuesta correcta: a) Indica el estado del paciente al momento del ingreso.

El diagnóstico principal en un episodio de atención médica hospitalaria es de gran importancia ya que representa la razón principal por la que el paciente ha sido admitido. Este diagnóstico ayuda a categorizar y clasificar la atención recibida, influyendo en la asignación de recursos y el pago por servicios médicos. Además, este diagnóstico principal es un factor clave para determinar el Grupo Relacionado por Diagnóstico (DRG), un sistema utilizado para el reembolso hospitalario en algunos sistemas de salud. Por lo tanto, identificar el diagnóstico principal adecuado al ingreso es fundamental para la gestión clínica y administrativa del paciente.

20. ¿Qué medidas de las siguientes mejoran la seguridad y privacidad de los datos del CMBD?

a) Restringir el acceso de los usuarios a la información del CMBD.
b) Cumplir con la legislación y normativas de protección de datos.
c) Compartir información médica sin restricciones.
d) No establecer políticas de protección de datos.

Respuesta correcta: b) Cumplir con la legislación y normativas de protección de datos.

Para asegurar la seguridad y privacidad de los datos del CMBD, es fundamental cumplir con la legislación y normativas de protección de datos. Esto implica establecer políticas claras y medidas de seguridad adecuadas para proteger la información clínica de los pacientes. Restringir el acceso de los usuarios a la información sensible y aplicar medidas de cifrado, así como garantizar la confidencialidad en la transmisión y almacenamiento de datos, son pasos necesarios para preservar la seguridad y privacidad de la información médica.

Solución al test n.º 16

1. a) Mejorar la calidad de la atención médica.

2. b) Registro y gestión de información de pacientes.

3. b) Monitorea indicadores de calidad de atención médica.

4. d) Comprensión de la demanda de atención médica y asignación de recursos.

5. b) Enseñanza sobre gestión de casos y atención basada en evidencia.

6. a) Reducción de costos y mejora en la utilización de recursos.

7. d) Diagnóstico principal.

8. b) Identifica si el diagnóstico estaba presente al momento del ingreso.

9. c) Días de estancia en UCI.

10. c) Medicación administrada.

11. c) Para especificar si un diagnóstico secundario estaba presente al momento del ingreso.

12. c) Información sobre el estado de salud del paciente al momento de dejar el hospital.

13. c) Alta de riesgo.

14. d) Todos los anteriores.

15. a) Compartir información médica de manera segura y efectiva.

16. c) Mejorar la eficiencia en la gestión de pacientes y servicios de salud.

17. d) Investigación médica y epidemiología.

18. b) Para asignar el grupo de DRG.

19. a) Indica el estado del paciente al momento del ingreso.

20. b) Cumplir con la legislación y normativas de protección de datos.

TEST N.º 17

Sistemas de clasificación de pacientes

1. ¿Cuál es uno de los propósitos principales de los sistemas de clasificación de pacientes?

a) Categorizar la información demográfica de los pacientes.
b) Facilitar la evaluación de la eficacia de los servicios de salud.
c) Limitar la recopilación de datos clínicos.
d) Excluir la participación de los pacientes en la toma de decisiones médicas.

2. ¿Cuál es uno de los efectos positivos de la clasificación de pacientes en la práctica clínica?

a) Aumentar la complejidad en la asignación de camas.
b) Mejorar la eficiencia de la atención médica.
c) Reducir la precisión en la gestión de recursos.
d) Complicar la atención centrada en el paciente.

3. ¿Qué información utilizan los Grupos Relacionados por el Diagnóstico (GRD) en su funcionamiento?

a) Datos demográficos exclusivamente.
b) Datos clínicos y demográficos.
c) Datos de tratamiento farmacológico.
d) Datos de seguimiento postoperatorio.

4. ¿Cuál es uno de los propósitos de los SCP en relación con la distribución de recursos humanos?

a) Desconocer el perfil de los pacientes para asignar recursos.
b) Asignar recursos de forma desigual en todas las áreas.
c) Asegurar la atención adecuada al conocer el perfil de los pacientes.
d) Evitar asignar recursos a áreas específicas.

5. ¿Qué ventaja aportan los SCP en relación con los costos de atención médica?

a) Calculan los costos sin considerar el perfil clínico de los pacientes.
b) Ayudan a calcular los costos basados en perfiles clínicos y necesidades de recursos.
c) Aumentan los costos de atención médica al complicar la gestión.
d) Limitan la organización de servicios médicos debido a altos costos.

6. ¿Qué debe garantizar un SCP en relación con la clasificación de pacientes?

a) Incluir pacientes no clasificados.
b) Excluir la homogeneidad en el consumo de recursos.
c) Clasificar cada paciente en múltiples grupos.
d) Clasificar a cada paciente en un solo grupo.

7. ¿Cuál es uno de los criterios utilizados para formar clases en un SCP?

a) Evitar la homogeneidad en el consumo de recursos.
b) Mantener un número de clases inmanejable.
c) No considerar la evaluación de recursos.
d) Diferenciar en consumo de recursos entre clases.

8. ¿Cuál es el propósito principal de los sistemas de clasificación GRD?

a) Estimar la carga de trabajo.
b) Calcular el índice de recuperación.
c) Determinar la causa de las enfermedades.
d) Evaluar la eficacia de los tratamientos.

9. ¿Qué aspectos considera el *Disease Staging* (DS)?

a) La historia clínica del paciente.
b) La edad y el sexo del paciente.
c) La progresión de la enfermedad a través de diferentes etapas.
d) Únicamente la presencia de complicaciones.

10. ¿Cuál es la función principal de los PMC (*Patient Management Categories*)?

a) Categorizar a los pacientes basándose en sus recursos financieros.
b) Identificar las enfermedades más comunes en los hospitales.
c) Formar grupos homogéneos según los cuidados hospitalarios deseados.
d) Determinar la esperanza de vida de los pacientes.

11. ¿Qué implica la estructura jerárquica de los GRD?

a) La categorización efectiva basada en el diagnóstico y la complejidad.
b) La clasificación de pacientes según su movilidad.

c) Una asignación aleatoria de pacientes.

d) La exclusión de pacientes con comorbilidades.

12. ¿Qué aspectos se consideran al calcular el peso de un GRD?

a) El peso del paciente y su estatura.

b) Únicamente el diagnóstico principal.

c) La gravedad de la enfermedad, la dificultad del tratamiento y la intensidad de recursos.

d) La edad del paciente y el historial de vacunación.

13. ¿Cómo se relaciona el *Case Mix* con la calidad de atención?

a) No tiene impacto en la calidad de la atención médica.

b) Una alta proporción de pacientes complejos indica una menor necesidad de recursos.

c) Un hospital con casos más complejos puede requerir mayor atención y recursos.

d) La baja complejidad de casos indica una atención deficiente.

14. ¿Qué se evalúa con el índice de *Case Mix*?

a) El número de camas disponibles en el hospital.

b) La composición y diversidad de los pacientes atendidos en un hospital.

c) La efectividad de los recursos utilizados.

d) El número de procedimientos médicos realizados.

15. ¿Qué tipo de GRD se encuentran en la Pre-categoría 0?

a) GRD singulares o inusuales que no encajan en las categorías habituales.

b) GRD que requieren oxigenación extracorpórea.

c) GRD relacionados con enfermedades cardíacas.

d) GRD con información incorrecta sobre circunstancias de alta.

En MADTEST tienes **más preguntas de este tema, comentadas y argumentadas**, y todos tus avances quedan registrados y se reflejan en el ranking.

¡Supera tus límites con MADTEST!

A continuación te presentamos algunos ejemplos de preguntas comentadas:

16. ¿Cómo influyen los sistemas de clasificación de pacientes en la toma de decisiones informadas?

a) Facilitan la asignación inexacta de recursos.

b) Excluyen la mejora en la eficiencia de la atención médica.

c) Limitan la recopilación de datos clínicos.

d) Simplifican la evaluación de la eficacia de los servicios de salud.

Respuesta correcta: d) Simplifican la evaluación de la eficacia de los servicios de salud.

Al permitir una comparación más clara entre diferentes grupos de pacientes, trata-mientos o intervenciones, los sistemas de clasificación de pacientes simplifican la eva-luación de la eficacia de los servicios de salud. Esta evaluación nos ayudará a tomar decisiones informadas sobre cómo mejorar la atención médica y enfocar los recursos en áreas que demuestren ser más efectivas para los pacientes.

17. ¿Cuál es una característica destacada del sistema RUG (*Resources Utilization Groups*)?

a) Depende del diagnóstico médico.
b) Es específico para hospitales de España.
c) Se centra en la movilidad de los pacientes.
d) Es independiente del diagnóstico médico.

Respuesta correcta: d) Es independiente del diagnóstico médico.

El sistema RUG se enfoca en la utilización de recursos y la dependencia funcional de los pacientes, sin basarse específicamente en el diagnóstico médico. Considera las necesidades de cuidado y los recursos que cada paciente utiliza, proporcionando una forma de clasificación más generalizada y no atada a diagnósticos específicos.

18. ¿Cuál es uno de los criterios fundamentales para la asignación a un GRD específico?

a) El lugar de residencia del paciente.
b) La movilidad del paciente.
c) La presencia de complicaciones o comorbilidades.
d) La nacionalidad del paciente.

Respuesta correcta: c) La presencia de complicaciones o comorbilidades.

Los GRD (Grupos Relacionados por el Diagnóstico) tienen en cuenta la condición médica principal del paciente, así como cualquier complicación o enfermedad secundaria que pueda influir en la atención y los recursos necesarios durante la hospitalización. La pre-sencia de complicaciones o comorbilidades puede modificar el tratamiento y el manejo clínico, lo que conduce a una asignación más precisa del paciente a un GRD específico.

19. ¿Cuál es el objetivo de asignar pesos a los GRD?

a) Reducir la calidad de atención médica.
b) No influyen en los ingresos hospitalarios.
c) Aumentar la sobrecarga de trabajo del personal médico.
d) Determinar la complejidad y los recursos necesarios para cada caso.

Respuesta correcta: d) Determinar la complejidad y los recursos necesarios para cada caso.

La asignación de pesos a los Grupos Relacionados por Diagnóstico (GRD) tiene como objetivo determinar la complejidad y los recursos necesarios para cada caso específico.

Esta estrategia permite estimar la carga de trabajo, los costos asociados y facilitar la distribución equitativa de recursos para proporcionar la atención médica necesaria a los pacientes.

20. ¿Cuál es el propósito de las Categorías Diagnósticas Mayores (CDM) en los AP-GRD?

a) Agrupar a pacientes que presentan enfermedades relacionadas con diferentes sistemas u órganos corporales.

b) Dividir a los pacientes en grupos médicos y quirúrgicos según su historial de intervenciones quirúrgicas.

c) Establecer subcategorías para casos de diagnósticos complejos.

d) Clasificar a los pacientes según la gravedad de su enfermedad.

Respuesta correcta: a) Agrupar a pacientes que presentan enfermedades relacionadas con diferentes sistemas u órganos corporales.

Las Categorías Diagnósticas Mayores (CDM) son un componente clave dentro del sistema de los AP-GRD (Adjusted Patient Groups - Grupos de Pacientes Ajustados). El propósito principal de las CDM es organizar a los pacientes en categorías basadas en las enfermedades y condiciones que afectan a sistemas u órganos corporales específicos.

El propósito de las Categorías Diagnósticas Mayores (CDM) en los AP-GRD es agrupar a los pacientes según las enfermedades relacionadas con diferentes sistemas u órganos corporales, lo que facilita la gestión de recursos, la codificación de diagnósticos y procedimientos, y la evaluación y planificación de la atención médica: las CDM agrupan a los pacientes de acuerdo con las enfermedades relacionadas con distintos sistemas u órganos del cuerpo. Por ejemplo, pueden existir CDM específicas para enfermedades del sistema cardiovascular, del sistema respiratorio, del sistema digestivo, entre otros. Esto facilita el análisis y la gestión de los recursos y la planificación de la atención médica, al tener una visión clara de las necesidades de cada grupo de enfermedades.

Al agrupar a los pacientes en estas categorías diagnósticas, los hospitales pueden planificar y asignar recursos de manera más eficiente. Esto incluye la asignación de personal, equipos médicos y otros recursos necesarios para el tratamiento de las enfermedades dentro de cada CDM.

Las CDM simplifican el proceso de codificación de diagnósticos y procedimientos, lo que facilita el análisis de datos y la evaluación de la calidad y eficiencia de los servicios de salud. Permite a los administradores de salud y a los investigadores realizar estudios más precisos sobre la prevalencia de enfermedades y la utilización de recursos.

En muchos sistemas de salud, las CDM son utilizadas como base para los sistemas de pago por rendimiento o por diagnóstico. Los reembolsos y financiaciones pueden ajustarse en función de las categorías diagnósticas, asegurando que los hospitales reciban una compensación adecuada por la complejidad y los recursos necesarios para tratar a los pacientes en cada CDM.

Solución al test n.º 17

1. b) Facilitar la evaluación de la eficacia de los servicios de salud.

2. b) Mejorar la eficiencia de la atención médica.

3. b) Datos clínicos y demográficos.

4. c) Asegurar la atención adecuada al conocer el perfil de los pacientes.

5. b) Ayudan a calcular los costos basados en perfiles clínicos y necesidades de recursos.

6. d) Clasificar a cada paciente en un solo grupo.

7. a) Evitar la homogeneidad en el consumo de recursos.

8. a) Estimar la carga de trabajo.

9. c) La progresión de la enfermedad a través de diferentes etapas.

10. c) Formar grupos homogéneos según los cuidados hospitalarios deseados.

11. a) La categorización efectiva basada en el diagnóstico y la complejidad.

12. c) La gravedad de la enfermedad, la dificultad del tratamiento y la intensidad de recursos.

13. c) Un hospital con casos más complejos puede requerir mayor atención y recursos.

14. b) La composición y diversidad de los pacientes atendidos en un hospital.

15. a) GRD singulares o inusuales que no encajan en las categorías habituales.

16. d) Simplifican la evaluación de la eficacia de los servicios de salud.

17. d) Es independiente del diagnóstico médico.

18. c) La presencia de complicaciones o comorbilidades.

19. d) Determinar la complejidad y los recursos necesarios para cada caso.

20. a) Agrupar a pacientes que presentan enfermedades relacionadas con diferentes sistemas u órganos corporales.

TEST N.º 18

Indicadores de actividad y calidad en la unidad de codificación

1. ¿Qué función desempeña la unidad de codificación en un hospital?

a) Administrar los recursos médicos.
b) Evaluar la eficiencia del personal administrativo.
c) Convertir información médica en datos estructurados.
d) Supervisar la limpieza del hospital.

2. ¿Qué contribución ofrecen los indicadores de actividad y calidad en la gestión hospitalaria?

a) Brindar información sobre el horario del personal médico.
b) Apoyar la toma de decisiones y la planificación de programas de atención médica.
c) Evaluar el rendimiento del personal de limpieza.
d) Determinar el costo de los tratamientos médicos.

3. ¿Cuál es uno de los beneficios principales de los indicadores en la unidad de codificación?

a) Optimizar el uso de recursos humanos en el comedor del hospital.
b) Evaluar la cantidad de camas disponibles en cada planta del hospital.
c) Ayudar a determinar la cantidad de recursos necesarios para una correcta codificación.
d) Identificar la ubicación de los consultorios médicos en el hospital.

4. ¿Cuál es uno de los propósitos de utilizar indicadores en la unidad de codificación?

a) Medir el desempeño del personal de mantenimiento del hospital.
b) Identificar las habitaciones de pacientes en cada piso del hospital.
c) Evaluar el progreso en la construcción de nuevas áreas en el hospital.
d) Evaluar el rendimiento y tomar decisiones informadas para la mejora continua de la codificación médica.

5. ¿Qué revelan los indicadores de productividad en la unidad de codificación?

a) La ubicación de los escritorios de los médicos.
b) Áreas que pueden requerir atención adicional.

c) La disponibilidad de camas en el hospital.

d) Los horarios de los médicos en el hospital.

6. ¿Cómo pueden ayudar los indicadores en el proceso de diseño de intervenciones?

a) No influyen en la identificación de problemas en la codificación.

b) Permiten establecer objetivos ambiguos para el personal.

c) Identifican la causa raíz de los problemas en la codificación.

d) No tienen impacto en el diseño de programas de formación.

7. ¿Cuál es uno de los propósitos principales de la retroalimentación con indicadores en la unidad de codificación?

a) Restringir la comunicación con otras partes interesadas del hospital.

b) Aislar a la unidad de codificación del resto del hospital.

c) No impactar en la toma de decisiones sobre los procesos de codificación.

d) Apoyar discusiones y decisiones relacionadas con la mejora continua.

8. ¿Qué facilita el ciclo de mejora continua en la unidad de codificación?

a) La implementación de acciones sin evaluación previa.

b) La planificación, ejecución, verificación y ajuste constante de acciones para lograr mejoras sostenibles.

c) Limitar las acciones para mejorar la codificación.

d) Evitar la evaluación de los resultados de las intervenciones implementadas.

9. ¿Qué indica un alto número de consultas por caso en la codificación médica?

a) Una alta eficiencia en el proceso de codificación.

b) Problemas en la interpretación de los registros médicos.

c) Una distribución equitativa de recursos en la unidad.

d) La precisión en la codificación por complejidad.

10. ¿Qué indica el índice de codificación por complejidad en la unidad de codificación?

a) La cantidad de tiempo y esfuerzo en casos médicos sin complejidad.

b) Los casos codificados según su gravedad.

c) Los casos que requieren más recursos o capacitación especializada.

d) La velocidad de respuesta a consultas internas y externas.

11. ¿Qué evalúa el índice de corrección de errores en la unidad de codificación?

a) La colaboración entre codificadores y personal clínico.

b) La precisión en la codificación de diagnósticos.

c) La consistencia en la aplicación de normativas de codificación.

d) La rapidez con la que se corrigen los errores una vez identificados.

12. ¿Qué proporciona el índice de cumplimiento de normativas en la unidad de codificación?

a) La consistencia en la aplicación de reglas de codificación.
b) La comunicación efectiva entre codificadores y personal clínico.
c) Una evaluación de la retroalimentación clínica recibida.
d) El grado en que la unidad de codificación cumple con las normativas vigentes.

13. ¿Cuál es el propósito principal del Informe de indicadores mensuales en una unidad de codificación?

a) Ofrecer recomendaciones para mejorar la eficiencia del personal.
b) Proporcionar una visión a largo plazo del desempeño de la unidad.
c) Resumir los indicadores clave de calidad y actividad en un mes específico.
d) Evaluar la retroalimentación de los pacientes sobre la atención médica.

14. ¿Cuál es la función principal del Informe de comunicación interna en una unidad de codificación médica?

a) Registrar la retroalimentación proporcionada por los pacientes
b) Evaluar la precisión y eficiencia del personal de codificación.
c) Detallar la eficacia de la comunicación interna en la unidad.
d) Registrar el progreso y resultados de los programas de educación.

15. ¿Qué proporciona el informe de tendencias en diagnósticos y procedimientos en una unidad de codificación médica?

a) Evaluación de la eficacia del software de codificación.
b) Análisis de tendencias en diagnósticos y procedimientos.
c) Detalles sobre hallazgos de auditorías externas.
d) Información sobre la retroalimentación clínica recibida.

En MADTEST tienes **más preguntas de este tema, comentadas y argumentadas**, y todos tus avances quedan registrados y se reflejan en el ranking.

¡Supera tus límites con MADTEST!

A continuación te presentamos algunos ejemplos de preguntas comentadas:

16. ¿Qué importancia tienen los indicadores de actividad y calidad en la atención médica hospitalaria?

a) Contribuyen a la toma de decisiones y a la mejora continua de la atención al paciente.
b) Mejoran la calidad de la alimentación en el hospital.

c) No tienen relación con la calidad de la atención médica.

d) Sirven para establecer horarios del personal administrativo.

Respuesta correcta: a) Contribuyen a la toma de decisiones y a la mejora continua de la atención al paciente.

Los indicadores de actividad y calidad en la atención médica hospitalaria proporcionan métricas y datos objetivos que permiten evaluar diversos aspectos del cuidado de los pacientes. Estos indicadores no solo miden la eficiencia en la prestación de servicios, sino que también evalúan la satisfacción del paciente, la seguridad en los tratamientos, la efectividad de los protocolos médicos y más. La razón principal por la que estos indicadores son tan valiosos es que proporcionan información detallada y precisa que ayuda a los profesionales de la salud y a los administradores hospitalarios a tomar decisiones informadas. Al identificar áreas de mejora basadas en datos concretos, se pueden implementar cambios y mejoras en los procesos médicos y administrativos, lo que conduce a una atención más efectiva, segura y satisfactoria para los pacientes.

17. ¿Qué importancia tienen los indicadores en el ámbito económico de la unidad de codificación?

a) No tienen impacto en la facturación de los servicios médicos.

b) Influyen directamente en la optimización de ingresos del hospital.

c) Definen los horarios de los médicos en el hospital.

d) Evalúan la limpieza de los pasillos del hospital.

Respuesta correcta: b) Influyen directamente en la optimización de ingresos del hospital.

Estos indicadores tienen un impacto significativo en la facturación de los servicios médicos al garantizar la precisión y completitud en la codificación de los registros médicos. Una codificación adecuada y precisa asegura que los diagnósticos y procedimientos sean registrados de manera correcta, lo que a su vez se traduce en una facturación precisa de los servicios brindados a los pacientes. La correcta codificación influye directamente en la optimización de ingresos del hospital al asegurar que se facturen correctamente los servicios y procedimientos realizados a los pacientes. Esto es vital para mantener la viabilidad económica de la institución médica, ya que una codificación inadecuada puede resultar en pérdidas financieras debido a la facturación incorrecta o incompleta de los servicios médicos.

18. ¿Qué permite hacer el *benchmarking* con los indicadores en la unidad de codificación?

a) Identificar brechas y oportunidades de mejora.

b) Comparar el desempeño de la unidad con estándares internos y no con otros hospitales.

c) Excluir la evaluación de resultados en el proceso de mejora.
d) Limitar la retroalimentación efectiva en la unidad de codificación.

Respuesta correcta: a) Identificar brechas y oportunidades de mejora.

El *benchmarking* con indicadores en la unidad de codificación permite identificar brechas y oportunidades de mejora. El *benchmarking* implica comparar el desempeño de una unidad, en este caso la unidad de codificación, con estándares tanto internos como externos, que pueden incluir comparaciones con otros hospitales o unidades de salud. Esto no se limita únicamente a la comparación interna, sino que también incluye la comparación con otros centros médicos similares. Al hacer *benchmarking*, se pueden identificar brechas en el rendimiento en comparación con estos estándares o con otras instituciones de salud. Estas brechas señalan áreas donde la unidad de codificación puede estar rezagada o donde existen oportunidades para mejorar la eficiencia, precisión o calidad en el proceso de codificación de registros médicos. El *benchmarking* efectivo permite obtener información valiosa sobre las mejores prácticas y estrategias utilizadas por otras unidades o hospitales que podrían ser aplicables para mejorar el rendimiento de la unidad de codificación. Ayuda a identificar lo que funciona bien en otras instituciones y cómo se puede implementar o adaptar para mejorar el rendimiento interno.

19. ¿Cuál es el objetivo del Informe de retroalimentación de pacientes en la unidad de codificación?

a) Evaluar la formación y educación del personal de codificación.
b) Detallar las interacciones entre codificadores y el personal clínico.
c) Analizar tendencias en diagnósticos y procedimientos.
d) Registrar la retroalimentación proporcionada por los pacientes.

Respuesta correcta: d) Registrar la retroalimentación proporcionada por los pacientes.

Este informe se centra en recopilar y documentar la retroalimentación proporcionada por los pacientes sobre la precisión y la exactitud de sus registros médicos y facturación. La retroalimentación puede incluir comentarios, quejas o elogios relacionados con la codificación de sus registros médicos. El propósito es obtener información directa de los pacientes sobre la calidad y precisión percibida de su documentación médica. El análisis de esta retroalimentación puede ayudar a identificar áreas de mejora en la precisión de la codificación, problemas recurrentes o errores percibidos por los pacientes. Esta información es valiosa para mejorar la calidad de los registros médicos y la satisfacción del paciente en relación con la precisión de su documentación.

20. ¿Cuál es el propósito principal del Informe de productividad del personal en una unidad de codificación?

a) Evaluar la comunicación y colaboración entre el personal.
b) Identificar patrones y áreas de mejora en la formación.

c) Evaluar la precisión y eficiencia del software de codificación.

d) Mostrar la eficiencia del personal en términos de casos codificados.

Respuesta correcta: d) Mostrar la eficiencia del personal en términos de casos codificados.

Este informe se enfoca en medir la productividad del personal de codificación, generalmente expresada en términos de la cantidad de casos codificados por hora o por día por cada codificador. Proporciona una visión de la eficiencia individual de los codificadores y del equipo en general en cuanto a la cantidad de trabajo realizado dentro de un periodo específico. Al mostrar la cantidad de casos codificados por unidad de tiempo, este informe puede identificar a los codificadores más eficientes, permitir una mejor distribución de la carga de trabajo y ayudar a identificar áreas donde algunos miembros del equipo pueden necesitar apoyo adicional o capacitación para mejorar su rendimiento. Es una herramienta útil para la gestión de recursos y la optimización de la eficiencia en la unidad de codificación.

Solución al test n.º 18

1. c) Convertir información médica en datos estructurados.

2. b) Apoyar la toma de decisiones y la planificación de programas de atención médica.

3. c) Ayudar a determinar la cantidad de recursos necesarios para una correcta codificación.

4. d) Evaluar el rendimiento y tomar decisiones informadas para la mejora continua de la codificación médica.

5. b) Áreas que pueden requerir atención adicional.

6. c) Identifican la causa raíz de los problemas en la codificación.

7. d) Apoyar discusiones y decisiones relacionadas con la mejora continua.

8. b) La planificación, ejecución, verificación y ajuste constante de acciones para lograr mejoras sostenibles.

9. b) Problemas en la interpretación de los registros médicos.

10. c) Los casos que requieren más recursos o capacitación especializada.

11. d) La rapidez con la que se corrigen los errores una vez identificados.

12. a) La consistencia en la aplicación de reglas de codificación.

13. c) Resumir los indicadores clave de calidad y actividad en un mes específico.

14. c) Detallar la eficacia de la comunicación interna en la unidad.

15. b) Análisis de tendencias en diagnósticos y procedimientos.

16. a) Contribuyen a la toma de decisiones y a la mejora continua de la atención al paciente.

17. b) Influyen directamente en la optimización de ingresos del hospital.

18. a) Identificar brechas y oportunidades de mejora.

19. d) Registrar la retroalimentación proporcionada por los pacientes.

20. d) Mostrar la eficiencia del personal en términos de casos codificados.

TEST N.º 19

Lista de espera quirúrgica y su gestión

1. ¿Cuál es uno de los roles fundamentales de la unidad de documentación sanitaria en relación con la lista de espera quirúrgica?

a) Programar las cirugías.
b) Recopilar y mantener registros médicos.
c) Establecer prioridades de tratamiento.
d) Gestionar el presupuesto del hospital.

2. ¿Por qué es vital la comunicación entre diferentes departamentos médicos y quirúrgicos en la gestión de la lista de espera?

a) Para compartir recetas médicas.
b) Para coordinar horarios de vacaciones del personal.
c) Para asegurar una programación eficiente de cirugías y evitar demoras.
d) Para discutir casos en redes sociales internas.

3. ¿Cuál es la definición precisa de la lista de espera quirúrgica (LEG)?

a) Conjunto de pacientes pendientes de una intervención quirúrgica en un momento específico.
b) Conjunto de pacientes que pueden optar por un procedimiento quirúrgico.
c) Lista de pacientes que han sido excluidos de un procedimiento quirúrgico.
d) Lista de pacientes que requieren cirugía urgente.

4. ¿Qué herramientas son necesarias para la gestión de las listas de espera quirúrgicas?

a) El procesamiento de datos, la comparación entre hospitales y la correlación con indicadores de actividad médica.
b) La centralización de datos y la eliminación de indicadores de actividad médica.
c) La eliminación de bases de datos y la reducción de información actualizada.
d) La implementación de sistemas de información complejos y difíciles de mantener.

5. ¿Cuál es uno de los objetivos principales en la gestión de las listas de espera quirúrgicas?

a) Asegurar que solo los casos más sencillos sean incluidos en la lista de espera.

b) Establecer criterios de gestión claros para garantizar una atención equitativa a los pacientes.

c) Aumentar la variabilidad en la atención médica para pacientes quirúrgicos.

d) Reducir la cantidad de datos almacenados en bases de datos hospitalarios.

6. ¿Qué consideración determina la prioridad clínica en la selección de pacientes para cirugía?

a) La antigüedad en la lista de espera quirúrgica.

b) El estudio preoperatorio y la valoración preanestésica.

c) La enfermedad de base y las limitaciones que conlleva.

d) La colaboración entre servicios quirúrgicos y admisión hospitalaria.

7. ¿Quién se encarga de definir el protocolo de estudio preoperatorio en la gestión de la lista de espera quirúrgica?

a) Servicios quirúrgicos.

b) Dirección provincial.

c) Servicio de anestesiología y reanimación.

d) Equipo directivo del hospital.

8. ¿Cuál es una responsabilidad del Servicio de admisión y documentación clínica en la gestión de la lista de espera quirúrgica?

a) Definir el protocolo de estudio preoperatorio.

b) Desarrollar protocolos de indicación quirúrgica.

c) Mantener registros actualizados de los pacientes en lista de espera.

d) Definir los tiempos quirúrgicos conforme a la demanda.

9. ¿Quién es responsable de establecer los protocolos para exploraciones complementarias y valoración preanestésica en la preparación del paciente para la cirugía?

a) Servicios quirúrgicos.

b) Servicio de admisión y documentación clínica.

c) Dirección provincial.

d) Hospital de destino.

10. ¿Quién es responsable de proponer la derivación de un paciente y gestionar el aviso y ubicación del mismo?

a) Servicio de admisión del hospital de destino.
b) Servicio de admisión del hospital de origen.
c) Dirección provincial.
d) Servicios quirúrgicos.

11. ¿Qué acción causa la pérdida de antigüedad en la lista de espera quirúrgica de un paciente?

a) Renuncia voluntaria del paciente a la intervención.
b) Renuncia del hospital de destino a recibir al paciente.
c) Cambios en la situación clínica temporalmente contraindicada.
d) Demora media de la intervención en el hospital de origen.

12. ¿Cuál es uno de los elementos recomendados para recopilar en el registro de LEQ, además del conjunto mínimo de datos?

a) Tipo de anestesia prevista.
b) Estado civil del paciente.
c) Historial de vacunación del paciente.
d) Pasatiempos o intereses del paciente.

13. ¿Qué se sugiere como medida para relacionar la información sobre LEQ con la gestión de quirófanos?

a) Porcentaje de pacientes que rechazan la intervención.
b) Tiempo de espera promedio de pacientes por especialidad.
c) Porcentaje de pacientes con cambios de domicilio.
d) Promedio de cirugías programadas por día quirúrgico.

14. ¿Cuál es uno de los elementos mínimos de identificación del paciente que se incluyen en el registro de LEQ?

a) Tipo de cirugía prevista.
b) Prioridad clínica del paciente.
c) Información de contacto (números de teléfono y dirección).
d) Situación laboral del paciente.

15. ¿Qué parte del hospital debe recibir de forma regular la información del registro de LEQ según la descripción?

a) Servicios quirúrgicos.
b) Servicio de admisión y documentación clínica.
c) Dirección gerencial del hospital.
d) Dirección médica del centro.

En MADTEST tienes **más preguntas de este tema, comentadas y argumentadas**, y todos tus avances quedan registrados y se reflejan en el ranking.

¡Supera tus límites con MADTEST!

A continuación te presentamos algunos ejemplos de preguntas comentadas:

16. ¿Por qué la unidad de documentación sanitaria debe estar al tanto de las regulaciones y legislación relacionadas con la lista de espera quirúrgica?

a) Para establecer protocolos de cirugía.
b) Para mantener registros precisos y cumplir con los requisitos legales.
c) Para determinar precios de servicios hospitalarios.
d) Para organizar transporte médico para los pacientes.

Respuesta correcta: b) Para mantener registros precisos y cumplir con los requisitos legales.

La unidad de documentación sanitaria tiene la responsabilidad de mantener registros precisos y actualizados sobre las listas de espera quirúrgicas, asegurando que cumplan con las regulaciones y legislaciones pertinentes. Esto es fundamental para garantizar la transparencia, la integridad de los datos y el cumplimiento de los requisitos legales establecidos por las autoridades sanitarias. Además, un registro preciso y actualizado mejora la gestión de las listas de espera y, proporciona información relevante en caso de auditorías, hace un seguimiento de tiempos de espera y garantiza que se cumpla con normativas sobre protección de datos médicos y pacientes.

17. ¿Por qué las listas de espera quirúrgicas pueden afectar el principio de equidad en los sistemas de salud?

a) Porque ofrecen una oportunidad igual para todos los pacientes.
b) Porque pueden comprometer el acceso oportuno a servicios de salud.
c) Porque mejoran la distribución de recursos médicos.
d) Porque reducen la variabilidad en la atención médica.

Respuesta correcta: b) Porque pueden comprometer el acceso oportuno a servicios de salud.

Las listas de espera quirúrgicas pueden afectar el principio de equidad en los sistemas de salud principalmente debido a que pueden comprometer el acceso oportuno a servicios de salud. Cuando las listas de espera son largas o no están gestionadas eficientemente, algunos pacientes podrían enfrentar demoras significativas para recibir atención quirúrgica, lo que puede resultar en agravamiento de condiciones médicas, empeoramiento de la calidad de vida y, en algunos casos, complicaciones adicionales de salud. Esto genera una disparidad en el acceso a servicios de salud, ya que aquellos que tienen la capacidad de buscar atención médica privada pueden evitar estas listas, mientras que otros quedan atados a la espera en el sistema público, lo que afecta la equidad en la atención médica.

18. ¿Cuál es el criterio principal para intervenir a pacientes con igual prioridad clínica en la lista de espera quirúrgica?

a) La antigüedad del paciente en la lista de espera.
b) La realización de estudios preoperatorios.
c) La valoración preanestésica.
d) El tiempo de espera medio existente para esa patología.

Respuesta correcta: d) El tiempo de espera medio existente para esa patología.

Cuando varios pacientes tienen la misma prioridad clínica, se puede recurrir a factores como el tiempo que han estado esperando para recibir la cirugía. Esto se hace para intentar reducir las desigualdades en el tiempo de espera y proporcionar tratamiento de manera más equitativa a aquellos que han estado esperando por más tiempo.

19. ¿Qué información detallada se menciona como parte de los indicadores de gestión de la LEQ?

a) Estado civil de los pacientes en lista de espera.
b) Índice de entradas/salidas en la lista de espera quirúrgica.
c) Porcentaje de pacientes con seguro privado.
d) Porcentaje de pacientes con citas no confirmadas.

Respuesta correcta: b) Índice de entradas/salidas en la lista de espera quirúrgica.

Este indicador proporciona información sobre el flujo de pacientes que ingresan y salen de la lista de espera quirúrgica en un periodo específico, lo que permite evaluar la eficiencia en la gestión de la lista y la capacidad para atender a los pacientes en espera.

20. ¿Qué información se sugiere para relacionar la gestión de LEQ con la gestión de quirófanos?

a) Porcentaje de pacientes en espera por razones médicas.
b) Porcentaje de pacientes que han sido contactados por correo electrónico.
c) Promedio de ingresos hospitalarios mensuales.
d) Porcentaje de cumplimiento de la programación quirúrgica definitiva.

Respuesta correcta: d) Porcentaje de cumplimiento de la programación quirúrgica definitiva.

La información que se sugiere para relacionar la gestión de la Lista de Espera Quirúrgica (LEQ) con la gestión de quirófanos es la opción d). Este indicador refleja la eficacia con la que se ejecuta la programación quirúrgica establecida, es decir, cuántas cirugías programadas realmente se llevan a cabo según lo planificado. Relacionar este porcentaje con la información de la LEQ puede ayudar a evaluar la eficiencia en la gestión de los quirófanos en relación con la demanda y las cirugías programadas desde la lista de espera.

Solución al test n.º 19

1. b) Recopilar y mantener registros médicos.

2. c) Para asegurar una programación eficiente de cirugías y evitar demoras.

3. a) Conjunto de pacientes pendientes de una intervención quirúrgica en un momento específico.

4. a) El procesamiento de datos, la comparación entre hospitales y la correlación con indicadores de actividad médica.

5. b) Establecer criterios de gestión claros para garantizar una atención equitativa a los pacientes.

6. c) La enfermedad de base y las limitaciones que conlleva.

7. c) Servicio de anestesiología y reanimación.

8. c) Mantener registros actualizados de los pacientes en lista de espera.

9. a) Servicios quirúrgicos.

10. b) Servicio de admisión del hospital de origen.

11. a) Renuncia voluntaria del paciente a la intervención.

12. a) Tipo de anestesia prevista.

13. d) Promedio de cirugías programadas por día quirúrgico.

14. c) Información de contacto (números de teléfono y dirección).

15. a) Servicios quirúrgicos.

16. b) Para mantener registros precisos y cumplir con los requisitos legales.

17. b) Porque pueden comprometer el acceso oportuno a servicios de salud.

18. d) El tiempo de espera medio existente para esa patología.

19. b) Índice de entradas/salidas en la lista de espera quirúrgica.

20. d) Porcentaje de cumplimiento de la programación quirúrgica definitiva.

TEST N.º 20

Sistema de información sanitario (SIS)

1. ¿Cuál es una de la principales funciones del Sistema de Información Sanitario (SIS) en el ámbito de la salud?

a) Recopilar y organizar recetas médicas.
b) Analizar la demografía de la población.
c) Gestionar eventos sociales en hospitales.
d) Coordinar la logística de entrega de equipos de laboratorio.

2. ¿Cómo está evolucionando el SIS en respuesta a los avances tecnológicos?

a) Implementando únicamente registros en papel.
b) Integrando inteligencia artificial para diagnósticos.
c) Limitando el acceso a datos médicos.
d) Reduciendo la conectividad entre sistemas de salud.

3. ¿Qué característica debe tener la información en un Sistema de Información Sanitario (SIS)?

a) Ser confidencial y no accesible para todos los involucrados en el sistema de salud.
b) Estar al alcance exclusivo de los médicos y profesionales de la salud.
c) Ser normalizada, pertinente, integrable, flexible y accesible.
d) Mantenerse en un formato único e inflexible para evitar malentendidos.

4. ¿Cuál de las siguientes afirmaciones sobre la información en un SIS es verdadera?

a) La información debe seguir formatos variados y no estandarizados.
b) Solo los médicos deben tener acceso a la información almacenada en un SIS.
c) La información debe ser pertinente y disponible en todo momento para su uso.
d) La integrabilidad de la información no es necesaria en un SIS.

5. ¿Cuál de los siguientes datos se clasifica como información clínica en un SIS?

a) Número de seguro médico.
b) Dirección de correo electrónico.

c) Historias clínicas.

d) Número de teléfono personal.

6. ¿Cuál de las siguientes opciones es un componente clave de la información administrativa en un SIS?

a) Resultados de análisis de laboratorio.

b) Horarios de citas.

c) Imágenes médicas.

d) Registros de procedimientos médicos.

7. ¿Qué componente de un SIS proporciona una plataforma centralizada para administrar y organizar los datos de salud de manera eficiente?

a) Base de datos central.

b) Conexiones de red.

c) Políticas de seguridad de datos.

d) Software de gestión.

8. ¿Qué componente de un SIS permite la interconexión de instituciones de salud para mejorar la coordinación de la atención médica?

a) Base de datos central.

b) Software de gestión.

c) Conexiones de red.

d) Políticas de seguridad de datos.

9. ¿Cuál de los siguientes describe la información clínica en un Sistema de Información Sanitaria (SIS)?

a) Registros médicos de diagnósticos y tratamientos.

b) Datos relacionados con la gestión de la atención médica.

c) Datos personales de los pacientes.

d) Repositorio principal de todos los datos de salud.

10. ¿Cuál no se clasifica como información clínica?

a) Diagnósticos.

b) Resultados de laboratorio.

c) Imágenes médicas.

d) Género del paciente.

11. ¿Cuál es uno de los principales objetivos de las políticas de seguridad de datos en los Sistemas de Información Sanitaria (SIS)?

a) Facilitar el acceso total a los datos de salud de los pacientes.

b) Proteger la privacidad de los pacientes y salvaguardar la información médica confidencial.

c) Permitir la manipulación no autorizada de registros médicos.

d) Garantizar la disponibilidad discontinua de la información de salud.

12. ¿Qué beneficio específico brindan los SIS en la atención especializada?

a) Acceso a resultados de análisis de laboratorio en tiempo real.

b) Programación de citas médicas.

c) Coordinación de la atención continua.

d) Acceso a información demográfica de los pacientes.

13. ¿Qué función principal realizan los SIS en la atención especializada?

a) Coordinación de la atención.

b) Acceso a resultados de análisis de laboratorio.

c) Evaluación de indicadores de desempeño.

d) Identificación de necesidades de atención médica.

14. ¿Cuál es uno de los beneficios directos de los SIS en la atención primaria?

a) Gestión de casos complejos.

b) Acceso a la historia médica completa.

c) Evaluación de la eficacia de intervenciones.

d) Acceso a información administrativa de los pacientes.

15. ¿Qué función no está asociada con los SIS en la atención especializada?

a) Gestión de casos complejos.

b) Evaluación de la eficacia de intervenciones.

c) Registro detallado de la salud.

d) Acceso a datos demográficos.

En MADTEST tienes **más preguntas de este tema, comentadas y argumentadas**, y todos tus avances quedan registrados y se reflejan en el ranking.

¡Supera tus límites con MADTEST!

A continuación te presentamos algunos ejemplos de preguntas comentadas:

16. ¿Cuál es uno de los roles principales de la información en el ámbito sanitario?

a) Planificar la estrategia de marketing de las instituciones médicas.

b) Facilitar la toma de decisiones clínicas.

c) Gestionar la contabilidad de los hospitales.

d) Controlar la disponibilidad de medicamentos.

Respuesta correcta: b) Facilitar la toma de decisiones clínicas.

Uno de los roles principales de la información en el ámbito sanitario es facilitar la toma de decisiones clínicas. La información en el campo de la salud proporciona datos que los profesionales médicos utilizan para diagnosticar enfermedades, planificar tratamientos y evaluar la eficacia de las intervenciones médicas. Esta información es fundamental para tomar decisiones clínicas informadas y proporcionar la mejor atención posible a los pacientes. Por lo tanto, la opción correcta es la b). La planificación de la estrategia de marketing de las instituciones médicas (opción a), la gestión de la contabilidad de los hospitales (opción c) y el control de la disponibilidad de medicamentos (opción d) son importantes dentro del ámbito sanitario, pero no representan el papel esencial de la información en la toma de decisiones clínicas.

17. ¿Qué tipo de información se incluye en la categoría de "Información demográfica" en un Sistema de Información Sanitaria (SIS)?

a) Datos clínicos y diagnósticos.
b) Información de contacto, como números de teléfono.
c) Datos financieros y de facturación.
d) Historial de procedimientos médicos.

Respuesta correcta: b) Información de contacto, como números de teléfono.

La opción b) Información de contacto, como números de teléfono, se clasifica como "Información demográfica" en un Sistema de Información Sanitaria (SIS). Este tipo de información demográfica incluye detalles personales como nombres, fechas de nacimiento, género, dirección y otros datos de contacto relevantes para identificar y comunicarse con los pacientes.

18. ¿Cuál de los siguientes no es un componente clave de un Sistema de Información Sanitaria (SIS)?

a) Base de datos central.
b) Información demográfica.
c) Resultados de análisis de laboratorio.
d) Gestión de redes sociales.

Respuesta correcta: d) Gestión de redes sociales.

El componente que no es clave en un Sistema de Información Sanitaria (SIS) es la Gestión de redes sociales. Los otros elementos mencionados (base de datos central, información demográfica y resultados de análisis de laboratorio) son componentes esenciales de un SIS, ya que involucran la recopilación, gestión y uso de datos relevantes para el sistema de salud, mientras que la gestión de redes sociales no es un componente directo de la infraestructura de información sanitaria.

19. ¿Para qué se utiliza la fecha de nacimiento en el contexto de la atención médica?

a) Para determinar la edad del paciente y sus necesidades de atención médica.
b) Para asignar el paciente a un médico específico.
c) Para decidir el tipo de seguro médico del paciente.
d) Para enviar recordatorios de citas médicas.

Respuesta correcta: a) Para determinar la edad del paciente y sus necesidades de atención médica.

La fecha de nacimiento se utiliza para determinar la edad del paciente, lo que influye en las pautas de atención médica, como exámenes de detección y vacunas, que varían según la edad.

20. ¿Cuál es una característica clave de los Sistemas de Información Sanitaria (SIS) en la atención especializada?

a) La capacidad de gestionar datos financieros del hospital.
b) La capacidad de gestionar datos clínicos altamente especializados, como imágenes de diagnóstico y resultados de pruebas de laboratorio avanzadas.
c) La capacidad de coordinar eventos sociales para el personal médico.
d) La capacidad de organizar actividades recreativas para los pacientes.

Respuesta correcta: b) La capacidad de gestionar datos clínicos altamente especializados, como imágenes de diagnóstico y resultados de pruebas de laboratorio avanzadas.

La característica clave de los Sistemas de Información Sanitaria (SIS) en la atención especializada es su capacidad para gestionar datos clínicos altamente especializados. Estos sistemas están diseñados para manejar información compleja y específica, como imágenes de diagnóstico y resultados de pruebas de laboratorio avanzadas, lo que es fundamental para apoyar a los profesionales de la salud en la toma de decisiones informadas sobre el diagnóstico y tratamiento de pacientes. Además, los SIS incluyen herramientas de análisis y visualización de datos que mejoran la interpretación y utilización de la información clínica.

Solución al test n.º 20

1. b) Analizar la demografía de la población.

2. b) Integrando inteligencia artificial para diagnósticos.

3. c) Ser normalizada, pertinente, integrable, flexible y accesible.

4. c) La información debe ser pertinente y disponible en todo momento para su uso.

5. c) Historias clínicas.

6. b) Horarios de citas.

7. d) Software de gestión.

8. c) Conexiones de red.

9. a) Registros médicos de diagnósticos y tratamientos.

10. d) Género del paciente.

11. b) Proteger la privacidad de los pacientes y salvaguardar la información médica confidencial.

12. a) Acceso a resultados de análisis de laboratorio en tiempo real.

13. a) Coordinación de la atención.

14. b) Acceso a la historia médica completa.

15. d) Acceso a datos demográficos.

16. b) Facilitar la toma de decisiones clínicas.

17. b) Información de contacto, como números de teléfono.

18. d) Gestión de redes sociales.

19. a) Para determinar la edad del paciente y sus necesidades de atención médica.

20. b) La capacidad de gestionar datos clínicos altamente especializados, como imágenes de diagnóstico y resultados de pruebas de laboratorio avanzadas.

TEST N.º 21

Validación y explotación de las bases de datos sanitarias

1. ¿Cuál de los siguientes aspectos se utiliza para validar datos en salud?

a) La exploración de técnicas de marketing en la industria médica.
b) La detección de errores gramaticales en la información clínica.
c) La evaluación de la calidad de la información registrada.
d) La promoción de productos farmacéuticos.

2. Una de las aplicaciones efectivas de las bases de datos sanitarias, es:

a) La creación de nuevas redes sociales para profesionales de la salud.
b) La generación de conocimiento, la evaluación de políticas de salud y la mejora continua de la atención médica.
c) El desarrollo de juegos educativos para pacientes.
d) La creación de blogs de salud.

3. ¿Cuál de los siguientes indicadores evalúa la eficiencia en la programación de cirugías?

a) Pacientes en espera para pruebas diagnósticas.
b) Tasa de mortalidad neonatal.
c) Ratio de enfermeros por población.
d) Pacientes en espera de intervenciones quirúrgicas no urgentes.

4. ¿Qué indica la tasa de incidencia de enfermedades cardiovasculares?

a) La frecuencia de nuevos casos de enfermedades cardiacas.
b) La proporción de la población que vive con diabetes.
c) El número de muertes por accidentes de tráfico.
d) La cantidad de camas hospitalarias por cada 100.000 habitantes.

5. ¿Qué indicador se utiliza para determinar la relación médico-paciente en una comunidad?

a) Ratio de profesionales de salud por población.
b) Tasa de mortalidad por VIH/SIDA.

c) Tasa de mortalidad infantil.
d) Tasa de prevalencia de enfermedades crónicas.

6. ¿Cuál de los siguientes no es un indicador ligado a los determinantes de salud?

a) Tasa de alfabetización.
b) Tasa de incidencia de enfermedades infecciosas.
c) Ratio de camas hospitalarias.
d) Tasa de empleo.

7. ¿Qué indica la tasa de mortalidad por enfermedades hepáticas?

a) Mide el número de muertes causadas por enfermedades hepáticas.
b) Evalúa la proporción de personas mayores de 15 años que saben leer y escribir.
c) Mide la frecuencia de nuevas infecciones de enfermedades de transmisión sexual.
d) Mide la disponibilidad de profesionales de la salud en una región.

8. ¿Qué evalúa la tasa de mortalidad posneonatal?

a) Mide el número de muertes causadas por enfermedades del sistema respiratorio.
b) Evalúa la frecuencia de lesiones no intencionales o accidentales en una población.
c) Mide el número de muertes de bebés entre 28 días y un año de edad por cada 1.000 nacidos vivos.
d) Mide la frecuencia de nuevas infecciones de enfermedades cardiovasculares

9. ¿Cuál es el propósito de la tasa de mortalidad por enfermedades raras?

a) Evaluar la disponibilidad de profesionales de la salud en una región.
b) Contribuir a la seguridad en el trabajo.
c) Evaluar la efectividad de programas de prevención y tratamiento del VIH.
d) Evaluar el número de muertes causadas por enfermedades raras.

10. ¿Cuál de estos indicadores de salud se usa para medir la frecuencia de casos de enfermedades infecciosas en una población durante un tiempo específico?

a) Mortalidad infantil.
b) Esperanza de vida al nacer.
c) Tasa de incidencia de enfermedades infecciosas.
d) Tasa de natalidad.

11. ¿Qué medida da la idea general de la tendencia central de los datos?

a) Mediana.
b) Moda.
c) Media.
d) Rango.

12. ¿Qué indica la desviación estándar en estadística descriptiva?

a) La relación entre dos variables.
b) La variabilidad relativa en relación con la media.
c) El valor que separa el 25 % inferior de los datos.
d) La diferencia entre el valor máximo y mínimo.

13. ¿Qué son las variables binarias o *dummy*?

a) Variables categóricas con un orden intrínseco.
b) Variables que solo pueden tomar dos valores, como 0 y 1.
c) Variables continuas que pueden tomar cualquier valor dentro de un rango.
d) Variables independientes en un análisis estadístico.

14. ¿Para qué sirven los cuartiles en estadística descriptiva?

a) Para separar el 25 % inferior de los datos.
b) Para identificar la posición relativa de un valor dentro de un conjunto de datos.
c) Para dividir un conjunto de datos en cuatro partes iguales.
d) Para calcular la raíz cuadrada de la varianza.

15. ¿Qué medida se utiliza comúnmente para cuantificar la fuerza y dirección de la relación lineal entre dos variables?

a) Coeficiente de correlación.
b) Varianza.
c) Covarianza.
d) Percentiles.

En MADTEST tienes **más preguntas de este tema, comentadas y argumentadas**, y todos tus avances quedan registrados y se reflejan en el ranking.

¡Supera tus límites con MADTEST!

A continuación te presentamos algunos ejemplos de preguntas comentadas:

16. ¿Por qué es fundamental la precisión y fiabilidad de las bases de datos sanitarias en el contexto de la gestión de la información médica?

a) Porque mejora la eficiencia en la facturación de servicios médicos.
b) Porque impacta directamente en la toma de decisiones en el sistema de salud.
c) Porque facilita la promoción de productos farmacéuticos.
d) Porque acelera la implementación de nuevas tecnologías médicas.

Respuesta correcta: b) Porque impacta directamente en la toma de decisiones en el sistema de salud.

La precisión y fiabilidad de las bases de datos sanitarias son fundamentales porque la toma de decisiones en el sistema de salud depende en gran medida de la calidad de la información disponible. Datos precisos y confiables permiten a los profesionales de la salud y a los responsables de la gestión tomar decisiones informadas sobre políticas de salud, asignación de recursos, evaluación de programas y mejora de la atención médica. Además, la calidad de la información mejora la seguridad del paciente y la eficacia de las intervenciones médicas.

17. ¿Qué medida proporciona una visión panorámica del estado de salud de una población y su entorno?

a) Tasa de mortalidad por enfermedades respiratorias.
b) Tasa de fertilidad.
c) Esperanza de vida al nacer.
d) Tasa de mortalidad materna.

Respuesta correcta: c) Esperanza de vida al nacer.

La esperanza de vida al nacer es una medida que proporciona una visión panorámica del estado de salud de una población y su entorno. Representa la cantidad de años que se espera que viva una persona al nacer y se utiliza como un indicador general de la salud y calidad de vida en esa población.

18. ¿Qué mide la tasa de mortalidad por accidentes de trabajo?

a) La eficiencia en la programación de cirugías.
b) El número de muertes relacionadas con accidentes en el entorno laboral.
c) La frecuencia de nuevas infecciones de enfermedades infecciosas.
d) La proporción de la población que vive con diabetes.

Respuesta correcta: b) El número de muertes relacionadas con accidentes en el entorno laboral.

La tasa de mortalidad por accidentes de trabajo mide el número de muertes relacionadas con accidentes ocurridos en el entorno laboral durante un periodo determinado. Este indicador evalúa la seguridad en el trabajo y puede contribuir a las medidas de prevención de accidentes laborales.

19. ¿Cuál de las siguientes es una variable discreta?

a) Estatura.
b) Temperatura corporal.
c) Número de hijos en una familia.
d) Tipo de sangre.

Respuesta correcta: c) Número de hijos en una familia.

Una variable discreta toma valores aislados o específicos en un rango determinado. En este caso, el número de hijos en una familia no puede ser fraccional y toma valores específicos, por lo tanto, es una variable discreta.

20. ¿Cuál de las siguientes NO es una variable cualitativa?

a) Género (masculino, femenino).
b) Número de hijos en una familia.
c) Color de ojos (azul, verde, marrón).
d) Ingreso anual.

Respuesta correcta: d) Ingreso anual.

Las variables cualitativas representan categorías o grupos y no tienen valores numéricos. En este caso, el ingreso anual es una variable cuantitativa, ya que se mide con números. Las otras opciones (a, b, c) son ejemplos de variables cualitativas.

Solución al test n.º 21

1. c) La evaluación de la calidad de la información registrada.

2. b) La generación de conocimiento, la evaluación de políticas de salud y la mejora continua de la atención médica.

3. d) Pacientes en espera de intervenciones quirúrgicas no urgentes

4. a) La frecuencia de nuevos casos de enfermedades cardiacas.

5. a) Ratio de profesionales de salud por población.

6. b) Tasa de incidencia de enfermedades infecciosas.

7. a) Mide el número de muertes causadas por enfermedades hepáticas.

8. c) Mide el número de muertes de bebés entre 28 días y un año de edad por cada 1,000 nacidos vivos.

9. d) Evaluar el número de muertes causadas por enfermedades raras.

10. c) Tasa de incidencia de enfermedades infecciosas.

11. c) Media.

12. b) La variabilidad relativa en relación con la media.

13. b) Variables que solo pueden tomar dos valores, como 0 y 1.

14. c) Para dividir un conjunto de datos en cuatro partes iguales.

15. a) Coeficiente de correlación.

16. b) Porque impacta directamente en la toma de decisiones en el sistema de salud.

17. c) Esperanza de vida al nacer.

18. b) El número de muertes relacionadas con accidentes en el entorno laboral.

19. c) Número de hijos en una familia.

20. d) Ingreso anual.

TEST N.º 22

Calidad de la asistencia sanitaria

1. ¿Cuál es el objetivo principal de la calidad de la asistencia sanitaria?

a) Cumplir con estándares para atención segura y efectiva.
b) Reducir la eficiencia en el uso de recursos sanitarios.
c) Minimizar la participación del paciente en su atención.
d) Aumentar el costo de los servicios médicos.

2. ¿Cuál de los siguientes modelos de excelencia en la asistencia sanitaria se centra en la coordinación de la atención médica y la gestión de enfermedades crónicas?

a) Modelo Malcolm Baldrige.
b) Sistema de acreditación de organizaciones sanitarias (JCI).
c) Modelo EFQM (*European Foundation for Quality Management*).
d) Modelo de atención integral (*Integrated Care*).

3. ¿Cuál es el objetivo principal del Modelo de triple meta (*Triple Aim*) en la asistencia sanitaria?

a) Aumentar la complejidad de los procesos médicos.
b) Reducir la eficiencia en el uso de recursos sanitarios.
c) Mejorar la experiencia del paciente, la salud de la población y reducir los costos de atención médica.
d) Evaluar y medir la calidad y seguridad de la atención médica.

4. ¿Qué modelo de gestión en la atención sanitaria se basa en la filosofía de *Lean Management* y busca la eliminación de desperdicios y la mejora continua en la atención médica?

a) Modelo de gestión de la calidad total (*Total Quality Management*, TQM).
b) Modelo de mejora continua (*Lean Healthcare*).
c) Modelo de atención centrada en el paciente (*Patient-Centered Care*).
d) Modelo de gestión de riesgos en la atención sanitaria.

5. ¿Cuál de los siguientes NO es un modelo de excelencia en la asistencia sanitaria?

a) Programa nacional de calidad de la atención médica (NCQA).
b) Modelo de certificación de organizaciones de salud (URAC, CARF).
c) ISO 9001 para la atención sanitaria.
d) Modelo de atención centrada en el paciente (*Patient-Centered Care*).

6. ¿Cuál es el propósito principal de la norma ISO 9001 en el ámbito sanitario?

a) Asegurar la calidad y competencia de los procesos de laboratorio clínico.
b) Mejorar la eficiencia operativa de los laboratorios clínicos.
c) Garantizar la calidad de los servicios médicos y la gestión en el ámbito sanitario.
d) Evaluar y medir la calidad y seguridad de la atención médica.

7. ¿Por qué la acreditación según ISO 15189 es importante en los laboratorios clínicos?

a) Para garantizar la calidad de los servicios médicos.
b) Para mejorar la eficiencia operativa de los laboratorios.
c) Para contribuir a la seguridad del paciente y reducir el riesgo de errores.
d) Para evaluar y medir la calidad y seguridad de la atención médica.

8. ¿Cuál es uno de los propósitos principales de la certificación ISO en el ámbito sanitario?

a) Ser un requisito legal para las organizaciones de atención médica.
b) Demostrar compromiso con la calidad y seguridad de la atención médica.
c) Evaluar y medir la calidad y seguridad de la atención médica.
d) Proporcionar estándares para la gestión de procesos clínicos en laboratorios.

9. ¿Qué papel desempeña la norma ISO 15189 en la mejora de la calidad en laboratorios clínicos?

a) Establece políticas de calidad y objetivos para la mejora continua.
b) Contribuye a la seguridad del paciente y reduce el riesgo de errores.
c) Proporciona estándares para la gestión de procesos clínicos en laboratorios.
d) Evalúa y garantiza la competencia y calidad en todas las etapas de los procesos de laboratorio clínico.

10. ¿Qué aspecto busca promover la acreditación en relación con la seguridad del paciente?

a) Incrementar la transparencia en el sistema de atención médica.
b) Identificación y prevención de errores médicos.

c) Aumentar la confianza de los pacientes.

d) Desarrollar estándares basados en la evidencia científica.

11. ¿Cuál es uno de los beneficios de la acreditación en el ámbito sanitario mencionado?

a) Reducción de la competitividad de las instituciones de salud.

b) Cumplimiento de regulaciones y normativas.

c) Desarrollo de políticas gubernamentales en salud.

d) Limitación de la transparencia en el sistema de atención médica.

12. ¿Qué entidad tiene la autoridad para otorgar o revocar la acreditación en el ámbito sanitario?

a) Instituciones de salud acreditadas.

b) Organismos independientes o gubernamentales.

c) Evaluadores de acreditación.

d) Pacientes y sus familias.

13. ¿Cuál es un ejemplo de indicador de resultado en la asistencia sanitaria?

a) Tiempo de espera en la sala de emergencias.

b) Tasa de supervivencia a 5 años después del diagnóstico de cáncer.

c) Tasa de errores médicos.

d) Cumplimiento de protocolos de tratamiento.

14. ¿Qué medida evalúa la proporción de pacientes que sobreviven durante al menos 5 años después de recibir un diagnóstico de cáncer?

a) Tasa de recurrencia de enfermedades crónicas.

b) Tasa de supervivencia a 5 años después del diagnóstico de cáncer.

c) Porcentaje de partos sin complicaciones.

d) Tasa de complicaciones infecciosas postoperatorias.

15. ¿Cuál es el propósito principal del Modelo Malcolm Baldrige en la asistencia sanitaria?

a) Evaluar y medir la calidad y seguridad de la atención médica.

b) Lograr un alto nivel de rendimiento y mejorar continuamente la calidad.

c) Coordinar y conectar los diferentes niveles y servicios de atención médica.

d) Prevenir eventos adversos y mejorar la seguridad del paciente.

En MADTEST tienes **más preguntas de este tema, comentadas y argumentadas**, y todos tus avances quedan registrados y se reflejan en el ranking.

¡Supera tus límites con MADTEST!

A continuación te presentamos algunos ejemplos de preguntas comentadas:

16. ¿Por qué es importante la mejora continua de la calidad en la atención médica?

a) Solo para cumplir con requisitos administrativos.

b) Para garantizar que los pacientes reciban el mejor cuidado posible y se utilicen eficientemente los recursos sanitarios.

c) Porque solo afecta la satisfacción del personal médico.

d) Para aumentar la complejidad de los procesos médicos.

Respuesta correcta: b) Para garantizar que los pacientes reciban el mejor cuidado posible y se utilicen eficientemente los recursos sanitarios.

La mejora continua de la calidad en la atención médica contribuye a que los pacientes reciban atención de alta calidad y para optimizar el uso de los recursos sanitarios. Este enfoque busca identificar áreas de mejora en los procesos, la seguridad del paciente y la eficiencia operativa, con el objetivo de proporcionar el mejor cuidado posible.

17. ¿Qué aspectos aborda la norma ISO 9001 en el sector de la salud?

a) Requisitos detallados para garantizar la calidad y competencia en los laboratorios clínicos.

b) Gestión de procesos clínicos, como la programación de citas y la administración de medicamentos.

c) Aspectos técnicos y de gestión de los laboratorios clínicos.

d) Requisitos para la mejora continua de la calidad en organizaciones de atención médica.

Respuesta correcta: c) Aspectos técnicos y de gestión de los laboratorios clínicos.

La razón principal por la cual la acreditación según ISO 15189 es importante en los laboratorios clínicos es para contribuir a la seguridad del paciente y reducir el riesgo de errores. Esta norma establece requisitos detallados para garantizar la calidad y competencia en los procesos de laboratorio clínico, lo que incluye la reducción del riesgo de errores en los resultados de las pruebas médicas. Al cumplir con los estándares de ISO 15189, los laboratorios clínicos contribuyen significativamente a la seguridad del paciente y garantizan la confiabilidad de los resultados de las pruebas.

18. ¿En qué se centran los indicadores de proceso en la asistencia sanitaria?

a) En evaluar la rentabilidad de las instituciones de salud.
b) En medir la tasa de mortalidad hospitalaria.
c) En evaluar cómo se brinda la atención médica.
d) En medir la satisfacción del paciente.

Respuesta correcta: c) En evaluar cómo se brinda la atención médica.

Los indicadores de proceso en la asistencia sanitaria se enfocan primordialmente en evaluar cómo se brinda la atención médica. Estos indicadores se centran en medir y analizar los procedimientos y prácticas utilizados durante el proceso de atención, buscando garantizar la calidad y eficacia de los servicios médicos. Desde la adherencia a protocolos clínicos hasta la eficiencia en la prestación de servicios, los indicadores de proceso proporcionan información detallada sobre la ejecución de los procedimientos médicos, contribuyendo así a la mejora continua de la atención. Este enfoque se distancia de la evaluación de la rentabilidad financiera, la medición de resultados de salud específicos o la evaluación de la satisfacción del paciente, ya que se centra exclusivamente en la calidad y efectividad de los procesos de atención médica.

19. ¿Cuál es la función de los indicadores de resultado en la asistencia sanitaria?

a) Evaluar la rentabilidad de las instituciones de salud.
b) Medir cómo se brinda la atención médica.
c) Evaluar la efectividad de los tratamientos y la satisfacción del paciente.
d) Identificar áreas de mejora en los sistemas de atención médica.

Respuesta correcta: c) Evaluar la efectividad de los tratamientos y la satisfacción del paciente.

Los indicadores de proceso en la asistencia sanitaria se enfocan en evaluar cómo se brinda la atención médica, centrándose en los procedimientos y prácticas utilizados durante el proceso. Estos indicadores buscan medir la calidad y eficacia de los tratamientos, la adherencia a protocolos clínicos y la efectividad de los procesos de atención médica. Por tanto, su objetivo es proporcionar información detallada sobre la calidad de las intervenciones y procedimientos realizados en el contexto clínico. En contraposición a los indicadores de resultado, que miden los resultados finales de la atención, los indicadores de proceso ofrecen una visión más específica sobre la manera en que se lleva a cabo la atención médica, permitiendo identificar áreas de mejora y garantizar prácticas clínicas basadas en evidencia y estándares de calidad.

20. ¿Cuál es el propósito de medir el tiempo que un paciente pasa esperando ser atendido en la sala de emergencias?

a) Evaluar la rentabilidad de las instituciones de salud.
b) Medir la calidad de los servicios médicos.

c) Identificar áreas de mejora en los sistemas de atención médica.

d) Evaluar la eficiencia del flujo de trabajo y la capacidad del hospital.

Respuesta correcta: d) Evaluar la eficiencia del flujo de trabajo y la capacidad del hospital.

Medir el tiempo que un paciente espera ser atendido en emergencias pretende evaluar la eficiencia del flujo de trabajo y la capacidad del hospital. Este indicador proporciona información clave sobre cómo se maneja la atención médica de urgencia, permitiendo identificar posibles cuellos de botella en el proceso y áreas que podrían beneficiarse de mejoras en términos de eficiencia operativa. Además, la medición del tiempo de espera ayuda a la evaluación de la capacidad del hospital para responder eficazmente a las necesidades urgentes de los pacientes, lo que garantiza una atención oportuna y de calidad en situaciones críticas. En consecuencia, este indicador se enfoca en la gestión efectiva de recursos y procesos en la sala de emergencias, más allá de la evaluación de la rentabilidad o la calidad general de los servicios médicos.

Solución al test n.º 22

1. a) Cumplir con estándares para atención segura y efectiva.

2. d) Modelo de atención integral (*Integrated Care*).

3. c) Mejorar la experiencia del paciente, la salud de la población y reducir los costos de atención médica.

4. b) Modelo de mejora continua *(Lean Healthcare)*.

5. c) ISO 9001 para la atención sanitaria.

6. c) Garantizar la calidad de los servicios médicos y la gestión en el ámbito sanitario.

7. c) Para contribuir a la seguridad del paciente y reducir el riesgo de errores.

8. b) Demostrar compromiso con la calidad y seguridad de la atención médica.

9. d) Evalúa y garantiza la competencia y calidad en todas las etapas de los procesos de laboratorio clínico.

10. b) Identificación y prevención de errores médicos.

11. b) Cumplimiento de regulaciones y normativas.

12. b) Organismos independientes o gubernamentales.

13. b) Tasa de supervivencia a 5 años después del diagnóstico de cáncer.

14. b) Tasa de supervivencia a 5 años después del diagnóstico de cáncer.

15. b) Lograr un alto nivel de rendimiento y mejorar continuamente la calidad.

16. b) Para garantizar que los pacientes reciban el mejor cuidado posible y se utilicen eficientemente los recursos sanitarios.

17. c) Aspectos técnicos y de gestión de los laboratorios clínicos.

18. c) En evaluar cómo se brinda la atención médica.

19. c) Evaluar la efectividad de los tratamientos y la satisfacción del paciente.

20. d) Evaluar la eficiencia del flujo de trabajo y la capacidad del hospital.

TEST N.º 23

Función del técnico superior en documentación y administración sanitaria

1. ¿Cuál es una de las principales funciones del técnico superior en documentación y administración sanitaria en el ámbito de la salud?

a) Realizar procedimientos médicos en pacientes.
b) Desarrollar protocolos de tratamiento para enfermedades.
c) Mantener la confidencialidad de los datos médicos y cumplir con normativas de protección de datos.
d) Administrar la infraestructura física de los establecimientos de salud.

2. ¿Qué implica el trabajo en equipo multidisciplinario en el ámbito sanitario?

a) La exclusiva responsabilidad de un solo profesional.
b) La colaboración efectiva entre profesionales de la salud de diferentes disciplinas.
c) La limitación de habilidades y conocimientos a una sola especialidad.
d) La independencia total de cada profesional en la atención al paciente.

3. ¿Cuál es una responsabilidad específica de los médicos dentro de un equipo de atención médica multidisciplinario?

a) Evaluación de necesidades dietéticas.
b) Supervisión de la gestión de medicamentos.
c) Diagnóstico de enfermedades y desarrollo de planes de tratamiento.
d) Trabajo en la rehabilitación y tratamiento físico.

4. ¿Cuál de las siguientes estrategias contribuye a prevenir la comunicación deficiente en el ámbito de la atención médica?

a) Fomentar la formación en habilidades de comunicación.
b) Limitar el acceso a herramientas de comunicación.
c) Evitar la documentación clara y completa.
d) Desalentar la comunicación abierta entre profesionales.

5. ¿Por qué la asignación clara de roles y responsabilidades es necesaria en un equipo de atención médica multidisciplinario?

a) Para limitar la colaboración entre profesionales.
b) Para garantizar una atención integral y coordinada para los pacientes.
c) Para evitar la participación de diferentes especialidades.
d) Para disminuir la diversidad de habilidades en el equipo.

6. ¿Cuál es una de las responsabilidades principales de los técnicos superiores en documentación y administración sanitaria en la colaboración con otros profesionales de la salud?

a) Realizar procedimientos médicos.
b) Coordinar citas y horarios de pacientes.
c) Diagnosticar enfermedades.
d) Administrar tratamientos directos.

7. ¿Qué implica la comunicación efectiva en la colaboración con médicos y enfermeras?

a) Proporcionar información actualizada y oportuna.
b) Limitar la disponibilidad para responder preguntas.
c) Ignorar las preocupaciones y solicitudes del personal médico.
d) Evitar la formación y apoyo continuo.

8. ¿Por qué es importante proporcionar formación y apoyo continuo al personal médico y de enfermería en la gestión documental?

a) Para limitar el acceso a sistemas de información.
b) Para reducir la eficiencia en los procesos administrativos.
c) Para optimizar el uso de sistemas de información y registros electrónicos.
d) Para disminuir la colaboración en la identificación de áreas de mejora.

9. ¿Cuál es el papel de los técnicos superiores en documentación y administración sanitaria en la gestión de facturación y seguros?

a) Diagnosticar enfermedades.
b) Colaborar en la gestión de suministros médicos.
c) Participar en la gestión de inventario de suministros.
d) Colaborar en la gestión de reclamaciones de seguros y facturación.

10. ¿Qué ha revolucionado la gestión de la información de los pacientes en el ámbito sanitario?

a) Uso de registros en papel.
b) Implementación de sistemas de registros médicos electrónicos (EHR).

c) Uso exclusivo de registros electrónicos.

d) Centralización de información en registros en papel.

11. ¿Por qué es importante establecer protocolos y guías clínicas basadas en evidencia en el ámbito sanitario?

a) Para complicar la atención médica.

b) Para desestandarizar la atención.

c) Para mejorar la coordinación y consistencia en la atención.

d) Para limitar el acceso a información médica.

12. ¿Qué implica la responsabilidad civil del personal sanitario en el ámbito de la atención médica?

a) Eximir a los profesionales de toda obligación legal.

b) Responder por los daños causados por atención deficiente o negligente.

c) No tener ninguna obligación legal en la atención médica.

d) Asumir los riesgos sin consecuencias legales.

13. ¿Cuáles son algunas de las sanciones disciplinarias que pueden enfrentar los profesionales de la salud por violar el secreto profesional?

a) Recibir regalos de los pacientes.

b) Suspensión temporal, revocación de licencia, multas económicas, rehabilitación profesional y responsabilidad legal.

c) No tener consecuencias.

d) Divulgar información médica a solicitud de amigos y familiares.

14. ¿Qué legislación española establece la obligación de mantener el secreto profesional en el ámbito de la salud?

a) Ley 3/2018, de 5 de diciembre.

b) Ley Orgánica 15/1999, de 5 de diciembre.

c) Ley 41/2002, de 14 de noviembre.

d) Ley Orgánica 15/1999, de 5 de diciembre.

15. ¿Por qué es importante la comunicación interprofesional en la atención médica?

a) Para limitar la colaboración entre profesionales.

b) Para reducir la calidad de la atención al paciente.

c) Para facilitar la toma de decisiones informadas y coordinar la atención.

d) Para aumentar la falta de comprensión entre los miembros del equipo.

En MADTEST tienes **más preguntas de este tema, comentadas y argumentadas**, y todos tus avances quedan registrados y se reflejan en el ranking.

¡Supera tus límites con MADTEST!

A continuación te presentamos algunos ejemplos de preguntas comentadas:

16. ¿Qué función desempeña el técnico superior en documentación y administración sanitaria en la comunicación interprofesional?

a) Proporcionar cuidados directos al paciente.
b) Codificar diagnósticos y procedimientos.
c) Evaluar necesidades dietéticas.
d) Realizar terapias físicas.

Respuesta correcta: b) Codificar diagnósticos y procedimientos.

El técnico superior en documentación y administración sanitaria se encarga de codificar diagnósticos y procedimientos, lo que mejora la comunicación entre los distintos profesionales de la salud. Una codificación adecuada asegura que la información médica sea precisa y esté bien organizada, facilitando el acceso a datos actualizados y precisos sobre el estado y tratamiento de los pacientes. Además, la codificación es importante para la facturación, la investigación epidemiológica y la planificación de la atención sanitaria, contribuyendo a la eficiencia y calidad del sistema de salud.

17. ¿Cuál es la función principal de los farmacéuticos dentro de un equipo de atención médica multidisciplinario?

a) Proporcionar cuidados directos al paciente.
b) Administrar procedimientos médicos.
c) Gestionar y asegurar la seguridad de los medicamentos.
d) Realizar terapias físicas.

Respuesta correcta: c) Gestionar y asegurar la seguridad de los medicamentos.

Dentro de un equipo de atención médica multidisciplinario, la función principal de los farmacéuticos es gestionar y asegurar la seguridad de los medicamentos. Esto incluye la supervisión de la correcta dispensación de medicamentos, la revisión de las prescripciones médicas para evitar interacciones y efectos adversos, y la educación de los pacientes sobre el uso adecuado de sus medicamentos. Los farmacéuticos también colaboran con otros profesionales de la salud para optimizar las terapias farmacológicas y contribuir al bienestar general del paciente.

18. ¿Cuándo es necesaria la coordinación en el ámbito de la atención médica?

a) En la transferencia de información del paciente entre niveles de atención.
b) Cuando se desea competencia entre profesionales.
c) Solo en situaciones de emergencia.
d) Cuando se evita la comunicación entre diferentes departamentos.

Respuesta correcta: a) En la transferencia de información del paciente entre niveles de atención.

La coordinación en el ámbito de la atención médica es relevante, especialmente en la transferencia de información del paciente entre niveles de atención. Cuando un paciente se mueve entre diferentes niveles de atención, como de atención primaria a atención especializada, la coordinación efectiva garantiza una transición sin problemas. Esto implica la transferencia completa de información del paciente, incluyendo diagnósticos, tratamientos y medicamentos, para asegurar una atención continua y segura. La coordinación en este contexto ayuda a mantener la coherencia en el cuidado del paciente y prevenir posibles errores o malentendidos.

19. ¿En qué circunstancias un profesional de la salud puede revelar información médica sin el consentimiento del paciente según la ley 41/2002, de 14 de noviembre?

a) En cualquier situación.
b) Solo si es solicitado por colegas.
c) Nunca, bajo ninguna circunstancia.
d) En casos de peligro inminente para el paciente u otras personas, abuso, o por requisitos legales.

Respuesta correcta: d) En casos de peligro inminente para el paciente u otras personas, abuso, o por requisitos legales.

Según la ley 41/2002, de 14 de noviembre, los profesionales de la salud pueden revelar información médica sin el consentimiento del paciente en situaciones específicas, como en casos de peligro inminente para el paciente o para otras personas, en situaciones de abuso, o cuando existen requisitos legales que obligan a dicha revelación. Esta normativa tiene como objetivo proteger tanto la salud y seguridad del paciente y de terceros, como asegurar el cumplimiento de la ley. Fuera de estas circunstancias, la confidencialidad de la información médica del paciente debe ser mantenida en todo momento.

20. ¿Cuáles son algunas medidas a llevar a cabo, relacionadas con la protección de datos en el ámbito de la salud en España?

a) Implementar medidas de seguridad, registro de actividades de tratamiento, nombramiento de un delegado de protección de datos y notificación de brechas de seguridad.
b) Ignorar la seguridad de datos.

c) No obtener el consentimiento informado.

d) No cumplir con ninguna regulación.

Respuesta correcta: a) Implementar medidas de seguridad, registro de actividades de tratamiento, nombramiento de un delegado de protección de datos y notificación de brechas de seguridad.

En el ámbito de la salud en España, la protección de datos es fundamental para garantizar la privacidad y seguridad de la información de los pacientes. Algunas medidas clave incluyen la implementación de medidas de seguridad para proteger los datos personales, mantener un registro de las actividades de tratamiento de datos, nombrar un delegado de protección de datos (DPD) para supervisar el cumplimiento de las normativas y notificar a las autoridades competentes y a los afectados en caso de brechas de seguridad. Estas medidas están en línea con el Reglamento General de Protección de Datos (RGPD) de la Unión Europea y la Ley Orgánica de Protección de Datos y Garantía de Derechos Digitales (LOPDGDD) en España.

Solución al test n.º 23

1. c) Mantener la confidencialidad de los datos médicos y cumplir con normativas de protección de datos.

2. b) La colaboración efectiva entre profesionales de la salud de diferentes disciplinas.

3. c) Diagnóstico de enfermedades y desarrollo de planes de tratamiento.

4. a) Fomentar la formación en habilidades de comunicación.

5. b) Para garantizar una atención integral y coordinada para los pacientes.

6. b) Coordinar citas y horarios de pacientes.

7. a) Proporcionar información actualizada y oportuna.

8. c) Para optimizar el uso de sistemas de información y registros electrónicos.

9. d) Colaborar en la gestión de reclamaciones de seguros y facturación.

10. b) Implementación de sistemas de registros médicos electrónicos (EHR).

11. c) Para mejorar la coordinación y consistencia en la atención.

12. b) Responder por los daños causados por atención deficiente o negligente.

13. b) Suspensión temporal, revocación de licencia, multas económicas, rehabilitación profesional y responsabilidad legal.

14. c) Ley 41/2002, de 14 de noviembre.

15. c) Para facilitar la toma de decisiones informadas y coordinar la atención.

16. b) Codificar diagnósticos y procedimientos.

17. c) Gestionar y asegurar la seguridad de los medicamentos.

18. a) En la transferencia de información del paciente entre niveles de atención.

19. d) En casos de peligro inminente para el paciente u otras personas, abuso, o por requisitos legales.

20. a) Implementar medidas de seguridad, registro de actividades de tratamiento, nombramiento de un delegado de protección de datos y notificación de brechas de seguridad.

TEST N.º 24

Ética y deontología profesional en la documentación sanitaria

1. ¿Cuál de los siguientes principios éticos es fundamental para los profesionales de la documentación sanitaria en el ámbito de la atención médica?

a) Promoción de tratamientos médicos avanzados.
b) Mantenimiento de la privacidad y confidencialidad de los datos médicos.
c) Reducción de costos en la gestión de registros médicos.
d) Implementación de prácticas administrativas eficientes.

2. ¿Cuál de los siguientes principios éticos se refiere al respeto por la autonomía y la capacidad de las personas para tomar decisiones informadas sobre sus propias vidas y tratamientos médicos?

a) No maleficencia.
b) Beneficencia.
c) Autonomía.
d) Justicia.

3. ¿Qué aspecto clave de la deontología se relaciona con la identificación de los deberes y obligaciones específicas de las personas en sus roles profesionales?

a) Códigos de ética profesional.
b) Obligaciones y deberes.
c) Responsabilidad profesional.
d) Promoción de la ética.

4. ¿Cuál es el propósito fundamental de los códigos de ética profesional en diversas disciplinas, incluyendo la documentación sanitaria?

a) Establecer normas de belleza.
b) Orientar la práctica ética y responsable.
c) Regular la política pública.
d) Impulsar la competencia entre profesionales.

5. ¿Qué teoría ética se centra en maximizar el bienestar general y minimizar el sufrimiento, tomando decisiones que generen la mayor felicidad para la mayor cantidad de personas?

a) Deontologismo.
b) Utilitarismo.
c) Ética de la virtud.
d) Relativismo ético.

6. ¿Cuál es el propósito del principio de no discriminación en el ámbito de la documentación sanitaria?

a) Etiquetar a pacientes según su origen étnico.
b) Garantizar un trato igualitario y justo.
c) Limitar el acceso a la atención médica.
d) Discriminar en función de la religión.

7. ¿Qué implica el deber ético y legal de mantener en secreto la información médica de un paciente y no divulgarla a personas no autorizadas?

a) Privacidad.
b) Autonomía.
c) Confidencialidad.
d) Beneficencia.

8. ¿Cuál de las siguientes leyes en España regula el tratamiento de los datos personales, incluidos los datos médicos, en el ámbito sanitario?

a) Ley 41/2002.
b) Ley General de Sanidad.
c) Reglamento General de Protección de Datos (RGPD).
d) Ley Orgánica 3/2018, de Protección de Datos Personales y garantía de los derechos digitales (LOPD).

9. ¿Qué puede resultar del incumplimiento de la confidencialidad y privacidad de la información del paciente?

a) Consecuencias legales y éticas graves.
b) Mejora en la relación paciente-profesional.
c) Beneficios profesionales.
d) Aumento de la confianza del paciente.

10. ¿Cuál es el secreto profesional en el ámbito sanitario?

a) Autonomía del paciente.
b) Divulgación activa de información médica.

c) Consentimiento implícito.
d) Confidencialidad.

11. ¿Cuál de los siguientes derechos del paciente permite solicitar y recibir información sobre qué datos personales se están procesando, con qué propósito y quién los está procesando?

a) Derecho de rectificación.
b) Derecho a la limitación del procesamiento.
c) Derecho de oposición.
d) Derecho de acceso.

12. ¿Cuál de los siguientes derechos permite a los pacientes obtener y reutilizar sus datos personales para diferentes servicios o fines, como transferir sus registros médicos electrónicos a otro médico?

a) Derecho a la limitación del procesamiento.
b) Derecho a la portabilidad de datos.
c) Derecho de acceso.
d) Derecho de supresión.

13. ¿Por qué es fundamental la ética en la investigación clínica y en la publicación de resultados?

a) Para limitar el acceso a la información médica.
b) Para garantizar la integridad de la investigación médica y proteger los derechos y el bienestar de los participantes.
c) Para acelerar el proceso de investigación.
d) Para evitar la comunicación efectiva.

14. ¿Cuál es el componente principal de la ética en la investigación clínica?

a) Manipulación de datos.
b) Publicación selectiva de resultados.
c) Justificación científica.
d) Conflicto de intereses.

15. ¿Para qué es importante abordar el tema del consentimiento informado de manera especialmente cuidadosa y ética en la investigación que involucra a menores de edad o personas incapaces?

a) Para acelerar el proceso de investigación.
b) Para evitar la comunicación efectiva.
c) Para limitar el acceso a la información médica.
d) Para garantizar la seguridad y el bienestar de los participantes, considerando su nivel de comprensión y obteniendo el consentimiento adecuado de los padres o representantes legales.

En MADTEST tienes **más preguntas de este tema, comentadas y argumentadas**, y todos tus avances quedan registrados y se reflejan en el ranking.

¡Supera tus límites con MADTEST!

A continuación te presentamos algunos ejemplos de preguntas comentadas:

16. ¿Qué teorías ofrecen enfoques diferentes para abordar cuestiones relacionadas con el comportamiento humano y la moralidad?

a) Teorías económicas.
b) Teorías políticas.
c) Teorías éticas.
d) Teorías científicas.

Respuesta correcta: c) Teorías éticas.

Las teorías éticas son las que proporcionan diferentes enfoques para abordar cuestiones relacionadas con el comportamiento humano y la moralidad. Estas teorías se centran en definir lo que se considera correcto o incorrecto en la conducta humana y ofrecen diversas perspectivas para resolver dilemas morales. Algunos ejemplos de teorías éticas incluyen el utilitarismo, que se enfoca en las consecuencias de las acciones; la deontología, que se basa en el cumplimiento de deberes y reglas; y la ética de la virtud, que enfatiza las cualidades morales y el carácter del individuo. Cada teoría ofrece un marco distinto para evaluar las decisiones y acciones humanas en términos éticos.

17. ¿Cuál de los siguientes principios éticos implica tratar a todas las personas de manera justa y equitativa, asegurándose de que los recursos y las oportunidades se distribuyan adecuadamente?

a) Confidencialidad.
b) Veracidad.
c) Justicia.
d) Fidelidad.

Respuesta correcta: c) Justicia.

El principio ético de justicia implica tratar a todas las personas de manera justa y equitativa, asegurándose de que los recursos y las oportunidades se distribuyan adecuadamente. Este principio busca garantizar que todas las personas reciban un trato justo y que no haya discriminación en la distribución de beneficios y cargas.

18. ¿Cuál de los principios éticos se refiere a la responsabilidad de proteger y preservar el entorno natural, promoviendo decisiones y acciones sostenibles?

a) Beneficio público.
b) Inclusión y diversidad.

c) Cuidado y protección del medio ambiente.
d) Solidaridad.

Respuesta correcta: c) Cuidado y protección del medio ambiente.

El principio ético que se refiere a la responsabilidad de proteger y preservar el entorno natural, promoviendo decisiones y acciones sostenibles, es el de "cuidado y protección del medio ambiente". Este principio reconoce la interconexión entre la ética y la sostenibilidad, subrayando la importancia de tomar decisiones que minimicen el impacto ambiental y fomenten la conservación de recursos naturales para las generaciones futuras.

19. ¿Qué implica el secreto *post mortem* en el ámbito del secreto profesional en la atención médica?

a) La divulgación de información médica después de la muerte del paciente.
b) La continuación del deber de confidencialidad incluso después de la muerte del paciente.
c) La eliminación de datos personales después de la muerte del paciente.
d) La falta de obligación ética y legal después de la muerte del paciente.

Respuesta correcta: b) La continuación del deber de confidencialidad incluso después de la muerte del paciente.

El "secreto post mortem" en el ámbito del secreto profesional en la atención médica implica "la continuación del deber de confidencialidad incluso después de la muerte del paciente". Aunque el paciente ha fallecido, el deber ético y legal de mantener la confidencialidad persiste para proteger la privacidad del difunto y la confianza en el sistema de atención médica.

20. ¿Qué papel tiene la gestión documental en la investigación clínica?

a) Organización de eventos médicos.
b) Almacenamiento de suministros médicos.
c) Creación, organización, almacenamiento y recuperación de documentos y registros relacionados con la atención médica y la investigación.
d) Facturación de servicios médicos.

Respuesta correcta: c) Creación, organización, almacenamiento y recuperación de documentos y registros relacionados con la atención médica y la investigación.

La gestión documental desempeña funciones importantes en la investigación clínica al abordar la creación, organización, almacenamiento y recuperación de documentos y registros relacionados con la atención médica y la investigación. Esto incluye mantener registros precisos y accesibles que respalden la integridad de los datos de la investigación y faciliten la revisión y replicación de estudios.

Solución al test n.º 24

1. b) Mantenimiento de la privacidad y confidencialidad de los datos médicos.

2. c) Autonomía.

3. b) Obligaciones y deberes.

4. b) Orientar la práctica ética y responsable.

5. b) Utilitarismo.

6. b) Garantizar un trato igualitario y justo.

7. c) Confidencialidad.

8. d) Ley Orgánica 3/2018, de Protección de Datos Personales y garantía de los derechos digitales (LOPD).

9. a) Consecuencias legales y éticas graves.

10. d) Confidencialidad.

11. d) Derecho de acceso.

12. b) Derecho a la portabilidad de datos.

13. b) Para garantizar la integridad de la investigación médica y proteger los derechos y el bienestar de los participantes.

14. c) Justificación científica.

15. d) Para garantizar la seguridad y el bienestar de los participantes, considerando su nivel de comprensión y obteniendo el consentimiento adecuado de los padres o representantes legales.

16. c) Teorías éticas.

17. c) Justicia.

18. c) Cuidado y protección del medio ambiente.

19. b) La continuación del deber de confidencialidad incluso después de la muerte del paciente.

20. c) Creación, organización, almacenamiento y recuperación de documentos y registros relacionados con la atención médica y la investigación.

TEST N.º 25

Atención al paciente

1. ¿Qué aspecto clave se destaca como fundamental en la atención al paciente, además de la precisión médica?

a) Eficiencia en la facturación médica.
b) Empatía, comunicación efectiva y comprensión de las necesidades del paciente.
c) Dominio de tecnologías médicas avanzadas.
d) Enfoque exclusivo en el diagnóstico.

2. ¿Cuáles son las etapas que forman parte del proceso de atención al paciente, según la descripción proporcionada?

a) Admisión del paciente, codificación de diagnósticos y procedimientos, y control de calidad.
b) Evaluación Inicial, seguimiento y evaluación continua, y alta y plan de cuidados posteriores.
c) Identificación y registro del paciente, implementación del tratamiento, y registro y documentación.
d) Recepción del paciente, historia clínica y auditoría y control de calidad.

3. ¿Cuál es el papel del técnico de documentación sanitaria en el proceso de atención al paciente, según la información proporcionada?

a) Realizar procedimientos médicos y tratamientos.
b) Colaborar con el personal médico para recopilar información clínica.
c) Administrar medicamentos y realizar cirugías.
d) Diagnosticar enfermedades y condiciones médicas.

4. ¿Qué implica la sensibilidad cultural en entornos de atención médica?

a) Imponer normas y valores de la cultura dominante.
b) Ignorar las creencias y prácticas culturales de los pacientes.
c) Comprender y respetar las creencias y prácticas culturales de los pacientes.
d) Evitar cualquier interacción con pacientes de diferentes orígenes culturales.

5. ¿Qué implica la comunicación bidireccional en el contexto de la atención médica?

a) La transmisión de información unidireccional desde el médico al paciente.

b) Fomentar la participación activa del paciente en la conversación, alentando preguntas y preocupaciones.

c) Utilizar ayudas visuales y tecnología para mejorar la comunicación.

d) La interpretación de expresiones faciales y gestos en la comunicación.

6. En situaciones difíciles, como la comunicación de malas noticias, ¿qué aspecto es importante para abordar estos temas con sensibilidad?

a) Utilizar ayudas visuales y tecnología.

b) Evitar distracciones durante la conversación.

c) Confirmar la comprensión del paciente.

d) Permitir que el paciente y la familia expresen emociones y preocupaciones.

7. ¿Por qué es importante reconocer la diversidad en el concepto de dignidad humana?

a) Porque la diversidad no tiene relevancia en la atención médica.

b) Cada persona es única, con sus propias características, creencias y valores.

c) La diversidad solo se aplica a cuestiones culturales y no a la atención médica.

d) La dignidad humana no reconoce diferencias individuales.

8. ¿Qué implica la responsabilidad en el contexto de la dignidad humana?

a) Las personas tienen la responsabilidad de tratar a los demás con respeto y consideración.

b) No hay responsabilidades asociadas con la dignidad humana.

c) La responsabilidad recae únicamente en los profesionales de la salud.

d) La dignidad humana exime a las personas de cualquier responsabilidad.

9. ¿Cuál es uno de los principios básicos de la dignidad humana?

a) Ser otorgada y retirada según las circunstancias.

b) Proteger solo a ciertos grupos específicos de la sociedad.

c) Reconocer el valor intrínseco e inalienable de cada ser humano.

d) Aplicarse solo a nivel nacional y no a nivel internacional.

10. En la atención médica, ¿cómo se manifiesta el respeto por la dignidad humana?

a) Ignorando las preferencias del paciente.

b) Protegiendo la privacidad y confidencialidad de los pacientes.

c) Discriminando a ciertos grupos de pacientes.

d) Limitando la autonomía y autodeterminación de los pacientes.

11. ¿Qué implica el paternalismo médico y por qué se debe evitar?

a) Implica dar a los pacientes jóvenes el derecho legal de dar su consentimiento.

b) Se refiere a un enfoque centrado en el paciente y respetuoso con su autonomía.

c) Es un enfoque que siempre respeta las decisiones del paciente.

d) Es un papel de autoridad del médico sin considerar las preferencias del paciente.

12. ¿Por qué es importante adaptar la comunicación y el tratamiento para pacientes jóvenes?

a) Porque los niños y adolescentes no tienen derechos legales en la toma de decisiones médicas.

b) Porque los adolescentes no tienen el derecho legal de dar su consentimiento.

c) Porque se reconoce la importancia de incluir a los jóvenes en la toma de decisiones sobre su atención médica.

d) Porque los padres deben tomar todas las decisiones en nombre de los niños y adolescentes.

13. ¿Qué implica la atención paliativa para personas en el final de la vida?

a) Centrarse en el alivio del sufrimiento y el apoyo emocional.

b) Ignorar las necesidades emocionales de los pacientes terminales.

c) Proporcionar tratamientos agresivos hasta el último momento.

d) Limitar el acceso a la atención médica para pacientes terminales.

14. ¿Qué implica la confidencialidad en la atención al paciente?

a) No divulgar información sin el consentimiento del paciente, excepto en circunstancias específicas permitidas por la ley.

b) Compartir la información médica de los pacientes con cualquier persona que lo solicite.

c) Divulgar información solo a familiares cercanos sin el consentimiento del paciente.

d) Mantener la información confidencial solo si el paciente lo solicita explícitamente.

15. ¿Qué establece la Ley Orgánica 3/2021, en España, en relación con la eutanasia?

a) Prohíbe la eutanasia en todas las circunstancias.

b) Establece condiciones y procedimientos para solicitar asistencia médica para poner fin a la vida de manera voluntaria.

c) Permite la eutanasia solo para enfermedades incurables en niños.

d) No aborda la cuestión de la eutanasia.

En MADTEST tienes **más preguntas de este tema, comentadas y argumentadas**, y todos tus avances quedan registrados y se reflejan en el ranking.

¡Supera tus límites con MADTEST!

A continuación te presentamos algunos ejemplos de preguntas comentadas:

16. ¿Por qué es importante abordar temas éticos y legales, como la confidencialidad y el consentimiento informado, en el contexto de la atención al paciente?

a) Para aumentar la carga administrativa.
b) Para limitar la participación activa del paciente.
c) Para garantizar una relación profesional y ética entre el personal médico y los pacientes.
d) Para acelerar los procesos de atención médica.

Respuesta correcta: c) Para garantizar una relación profesional y ética entre el personal médico y los pacientes.

Abordar temas éticos y legales, como la confidencialidad y el consentimiento informado es esencial para establecer y mantener una relación profesional y ética entre el personal médico y los pacientes. Garantizar el respeto a la autonomía, la privacidad y otros principios éticos contribuye a una atención médica de calidad y a la construcción de la confianza entre el paciente y el equipo de atención médica.

17. ¿Cuál de los siguientes principios éticos en la atención médica se refiere a la obligación de los profesionales de la salud de actuar en beneficio de los pacientes y brindarles la mejor atención posible?

a) Respeto a la autonomía.
b) Beneficencia.
c) No maleficencia.
d) Justicia.

Respuesta correcta: b) Beneficencia.

El principio de beneficencia en la atención médica se refiere a la obligación de los profesionales de la salud de actuar en beneficio de los pacientes y proporcionarles la mejor atención posible. Este principio implica ofrecer tratamientos que sean efectivos y éticos, asegurando que las intervenciones médicas favorezcan el bienestar del paciente. La beneficencia también requiere que los profesionales mantengan un alto estándar de práctica médica y tomen decisiones clínicas basadas en la mejor evidencia disponible, siempre priorizando el interés y la salud del paciente.

18. ¿Cuál es uno de los puntos clave para comprender la dignidad humana en la atención médica?

a) La discriminación y la desigualdad son aceptables en ciertos casos.
b) La dignidad humana es un privilegio otorgado a algunas personas.
c) Incluye el derecho a la autonomía y la autodeterminación del paciente.
d) Solo se aplica a ciertos grupos específicos de la población.

Respuesta correcta: c) Incluye el derecho a la autonomía y la autodeterminación del paciente.

Uno de los puntos clave para comprender la dignidad humana en la atención médica es que incluye el derecho a la autonomía y la autodeterminación del paciente. Esto significa que los pacientes tienen el derecho de tomar decisiones informadas sobre su propia atención médica, siempre y cuando no dañen a otros. Reconocer la autonomía del paciente es fundamental para respetar su dignidad, tratándolo como un individuo capaz de participar en decisiones relacionadas con su salud.

19. ¿Por qué es necesario adaptar la comunicación para personas con discapacidades sensoriales?

a) Porque estas personas no pueden entender información médica.
b) Porque la comunicación solo debe ser verbal para ser efectiva.
c) Porque estas personas no tienen necesidades específicas de comunicación.
d) Porque la accesibilidad del entorno es imprescindible para estas personas.

Respuesta correcta: d) Porque la accesibilidad del entorno es imprescindible para estas personas.

Adaptar la comunicación para personas con discapacidades sensoriales es necesario para asegurar la accesibilidad del entorno y las instalaciones. Las personas con discapacidades visuales pueden requerir servicios en braille, guías o perros de servicio, mientras que las personas con discapacidades auditivas pueden necesitar servicios de interpretación en lenguaje de señas u otros dispositivos de asistencia auditiva. Esta adaptación facilita la comunicación y asegura una atención médica efectiva y comprensiva.

20. ¿Qué son los conflictos de intereses en el ámbito médico?

a) Situaciones en las que los profesionales de la salud no tienen intereses personales.
b) Situaciones en las que los intereses personales o financieros pueden influir en las decisiones de los profesionales de la salud.
c) Situaciones que no afectan la integridad del sistema de salud.
d) Situaciones que no requieren divulgación ni gestión.

Respuesta correcta: b) Situaciones en las que los intereses personales o financieros pueden influir en las decisiones de los profesionales de la salud.

Los conflictos de intereses en el ámbito médico son situaciones en las cuales los intereses personales o financieros de un profesional de la salud pueden influir en sus decisiones o acciones, comprometiendo la objetividad y la integridad. Es importante divulgar y gestionar estos conflictos para garantizar que las decisiones se tomen en función del bienestar del paciente y no se vean sesgadas por intereses personales.

Solución al test n.º 25

1. b) Empatía, comunicación efectiva y comprensión de las necesidades del paciente.

2. b) Evaluación Inicial, seguimiento y evaluación continua, y alta y plan de cuidados posteriores.

3. b) Colaborar con el personal médico para recopilar información clínica.

4. c) Comprender y respetar las creencias y prácticas culturales de los pacientes.

5. b) Fomentar la participación activa del paciente en la conversación, alentando preguntas y preocupaciones.

6. d) Permitir que el paciente y la familia expresen emociones y preocupaciones.

7. b) Cada persona es única, con sus propias características, creencias y valores.

8. a) Las personas tienen la responsabilidad de tratar a los demás con respeto y consideración.

9. c) Reconocer el valor intrínseco e inalienable de cada ser humano.

10. b) Protegiendo la privacidad y confidencialidad de los pacientes.

11. d) Es un papel de autoridad del médico sin considerar las preferencias del paciente.

12. c) Porque se reconoce la importancia de incluir a los jóvenes en la toma de decisiones sobre su atención médica.

13. a) Centrarse en el alivio del sufrimiento y el apoyo emocional.

14. a) No divulgar información sin el consentimiento del paciente, excepto en circunstancias específicas permitidas por la ley.

15. b) Establece condiciones y procedimientos para solicitar asistencia médica para poner fin a la vida de manera voluntaria.

16. c) Para garantizar una relación profesional y ética entre el personal médico y los pacientes.

17. b) Beneficencia.

18. c) Incluye el derecho a la autonomía y la autodeterminación del paciente.

19. d) Porque la accesibilidad del entorno es imprescindible para estas personas.

20. b) Situaciones en las que los intereses personales o financieros pueden influir en las decisiones de los profesionales de la salud.

TEST N.º 26

Aplicaciones informáticas generales

1. ¿Cuál es una función de los sistemas operativos en la gestión de recursos de hardware?

a) Crear programas de software.
b) Administrar archivos y directorios.
c) Desarrollar aplicaciones de inteligencia artificial.
d) Gestionar la asignación de CPU y memoria.

2. ¿Cuál es una función clave de una red local (LAN) en relación con el acceso a Internet?

a) Administración de direcciones IP.
b) Compartir recursos como impresoras y archivos.
c) Conectar dispositivos a través de cables de fibra óptica.
d) Utilizar señales de radiofrecuencia para transmitir datos.

3. ¿Cuál es la función principal de un *router* en una red local?

a) Conectar dispositivos a través de cables de cobre.
b) Compartir recursos como impresoras y archivos.
c) Dirigir el tráfico de datos entre la LAN e Internet.
d) Transmitir datos utilizando un token en un anillo.

4. ¿Cuál es la función principal de un switch en una red local?

a) Transmitir datos a todos los dispositivos en la red.
b) Conectar dispositivos a través de señales inalámbricas.
c) Utilizar un token para controlar la transmisión de datos en un anillo.
d) Aprender direcciones MAC y enviar datos al dispositivo correcto.

5. ¿Qué facilita la colaboración en tiempo real en muchos procesadores de texto?

a) Compartir documentos en línea.
b) Búsqueda y reemplazo.

c) Control de cambios.
d) Corrector ortográfico y gramatical.

6. ¿Cuál de las siguientes afirmaciones es correcta en relación con las funciones de análisis de datos en hojas de cálculo?

a) Las funciones de análisis de datos incluyen la creación de hojas de cálculo.
b) Las tablas dinámicas son herramientas para el formato de celdas.
c) Las funciones de autocompletar sugieren datos basados en la entrada previa.
d) Los gráficos permiten representaciones visuales de los datos.

7. ¿Cuál es la función principal de los gráficos de barras?

a) Representar partes de un todo.
b) Mostrar tendencias a lo largo del tiempo.
c) Comparar datos entre categorías.
d) Mostrar la relación entre dos conjuntos de datos.

8. ¿Qué tipo de gráfico es ideal para mostrar la relación entre dos conjuntos de datos?

a) Gráficos de barras.
b) Gráficos circulares.
c) Gráficos de líneas.
d) Gráficos de dispersión.

9. ¿Cómo se pueden integrar los gráficos en documentos de procesadores de texto o presentaciones?

a) Exportando a formatos comunes como JPEG o PNG.
b) Utilizando herramientas de alineación y disposición.
c) Insertándolos en aplicaciones de autoedición.
d) Agregando líneas de cuadrícula para facilitar la lectura.

10. ¿Qué función permite personalizar completamente el estilo y la disposición de los gráficos en aplicaciones de autoedición?

a) Anotaciones.
b) Herramientas de alineación.
c) Leyendas.
d) Exportación.

11. ¿Qué ventaja ofrece la modularidad en los paquetes integrados?

a) Complejidad en la interfaz de usuario.
b) Sobrecarga de funciones innecesarias.
c) Personalización de paquetes según necesidades específicas.
d) Falta de escalabilidad en el sistema.

12. ¿Cuál es uno de los principales objetivos de la gestión de discos y ficheros?

a) Organizar y gestionar archivos y carpetas de manera eficiente.
b) Diseñar gráficos.
c) Optimizar el rendimiento del procesador.
d) Todas las respuestas son correctas.

13. ¿Cuál es un problema que puede surgir en la gestión de memoria?

a) Falta de memoria.
b) Fragmentación interna y externa.
c) Algoritmos de asignación.
d) Ninguna respuesta es correcta.

14. ¿Qué hacen los algoritmos de reemplazo en la gestión de memoria de un sistema operativo?

a) Decidir qué procesos se ejecutan en la CPU.
b) Seleccionar qué datos deben eliminarse de la RAM cuando se necesita espacio, utilizando estrategias como FIFO o LRU.
c) Dividir la memoria en segmentos de tamaño variable.
d) Controlar el acceso a los archivos del sistema.

15. ¿Cuál de las siguientes medidas se utiliza para verificar la identidad de un usuario o sistema antes de permitir el acceso?

a) Copias de seguridad (*Backup*).
b) Auditoría y registro.
c) Encriptación de datos.
d) Autenticación.

En MADTEST tienes **más preguntas de este tema, comentadas y argumentadas**, y todos tus avances quedan registrados y se reflejan en el ranking.

¡Supera tus límites con MADTEST!

A continuación te presentamos algunos ejemplos de preguntas comentadas:

16. ¿En qué consiste la interfaz proporcionada por los sistemas operativos para que los usuarios interactúen con la computadora?

a) Programación de software.
b) Arquitectura de hardware.

c) Administración de archivos.

d) Interfaz gráfica de usuario (GUI) o interfaz de línea de comandos (CLI).

Respuesta correcta: d) Interfaz gráfica de usuario (GUI) o interfaz de línea de comandos (CLI).

La interfaz proporcionada por los sistemas operativos para que los usuarios interactúen con la computadora puede ser tanto una Interfaz Gráfica de Usuario (GUI), que utiliza elementos visuales como iconos y ventanas, como una Interfaz de Línea de Comandos (CLI), que se basa en comandos de texto.

17. ¿Qué tipo de red local utiliza cables de par trenzado o fibra óptica para conectar dispositivos a un concentrador o conmutador central?

a) Redes inalámbricas (wi-fi).

b) Ethernet.

c) Redes token ring.

d) Redes de respaldo centralizado.

Respuesta correcta: b) Ethernet.

Ethernet es un tipo de red local que utiliza cables de par trenzado o fibra óptica para conectar dispositivos a un concentrador o conmutador central. Las otras opciones (a, c, d) se refieren a diferentes tipos de redes o tecnologías.

18. ¿Qué opción permite obtener una vista previa de cómo se verá el documento impreso antes de imprimirlo físicamente en una hoja de cálculo?

a) Configuración de impresión.

b) Exportación.

c) Vista previa de impresión.

d) Compartir y colaborar.

Respuesta correcta: c) Vista previa de impresión.

La opción que permite obtener una vista previa de cómo se verá el documento impreso antes de imprimirlo físicamente en una hoja de cálculo es "Vista previa de impresión". Esta función permite revisar la apariencia del documento antes de realizar la impresión. Las otras opciones no están directamente relacionadas con la vista previa de impresión.

19. ¿Cuál es el propósito del particionamiento de discos en la gestión de sistemas informáticos?

a) Aumentar la velocidad del disco.

b) Dividir un disco duro en secciones separadas para organizar y contener sistemas de archivos o sistemas operativos.

c) Comprimir archivos para ahorrar espacio.

d) Ninguna de las respuestas es correcta.

Respuesta correcta: b) Dividir un disco duro en secciones separadas para organizar y contener sistemas de archivos o sistemas operativos.

El particionamiento de discos en la gestión de sistemas informáticos pretende dividir un disco duro en secciones separadas. Esto permite organizar y contener sistemas de archivos o sistemas operativos diferentes en cada partición. Es una práctica común para facilitar la gestión de datos y la instalación de sistemas operativos múltiples en una misma máquina.

20. ¿Qué aspecto de la seguridad informática se centra en la protección de activos como servidores y centros de datos contra el acceso no autorizado?

a) Actualizaciones y parches de seguridad.

b) Políticas de seguridad.

c) Firewall de red.

d) Seguridad física.

Respuesta correcta: d) Seguridad física.

La seguridad física se centra en la protección de activos informáticos, como servidores y centros de datos, contra el acceso no autorizado. Esto implica la implementación de medidas como sistemas de control de acceso, vigilancia y medidas de seguridad ambiental para prevenir el acceso físico no autorizado a los equipos y datos.

Solución al test n.º 26

1. c) Desarrollar aplicaciones de inteligencia artificial.

2. b) Compartir recursos como impresoras y archivos.

3. c) Dirigir el tráfico de datos entre la LAN e Internet.

4. d) Aprender direcciones MAC y enviar datos al dispositivo correcto.

5. a) Compartir documentos en línea.

6. d) Los gráficos permiten representaciones visuales de los datos.

7. c) Comparar datos entre categorías.

8. d) Gráficos de dispersión.

9. d) Agregando líneas de cuadrícula para facilitar la lectura.

10. b) Herramientas de alineación.

11. c) Personalización de paquetes según necesidades específicas.

12. a) Organizar y gestionar archivos y carpetas de manera eficiente.

13. b) Fragmentación interna y externa.

14. b) Seleccionar qué datos deben eliminarse de la RAM cuando se necesita espacio, utilizando estrategias como FIFO o LRU.

15. d) Autenticación.

16. d) Interfaz gráfica de usuario (GUI) o interfaz de línea de comandos (CLI) .

17. b) Ethernet.

18. c) Vista previa de impresión.

19. b) Dividir un disco duro en secciones separadas para organizar y contener sistemas de archivos o sistemas operativos.

20. d) Seguridad física.